사주 집중 분석

사주 집중 분석

발행일   2024년 10월 28일

지은이   손중산
펴낸이   손형국
펴낸곳   (주)북랩
편집인   선일영   편집   김은수, 배진용, 김현아, 김다빈, 김부경
디자인   이현수, 김민하, 임진형, 안유경, 한수희   제작   박기성, 구성우, 이창영, 배상진
마케팅   김회란, 박진관
출판등록 2004. 12. 1(제2012-000051호)
주소   서울특별시 금천구 가산디지털 1로 168, 우림라이온스밸리 B동 B111호, B113~115호
홈페이지 www.book.co.kr
전화번호 (02)2026-5777   팩스   (02)3159-9637

ISBN   979-11-7224-290-9 03180(종이책)   979-11-7224-291-6 05180(전자책)

(주)북랩 성공출판의 파트너
북랩 홈페이지와 패밀리 사이트에서 다양한 출판 솔루션을 만나 보세요!
홈페이지 book.co.kr   •   **블로그** blog.naver.com/essaybook   •   **출판문의** text@book.co.kr

작가 연락처 문의 ▶ ask.book.co.kr
작가 연락처는 개인정보이므로 북랩에서 알려드릴 수 없습니다.

사주 집중 분석

四柱 集中分析

한국음양학회 중앙회 회장

손중산 지음

북랩

서문

이 책은 九旬을 넘긴 易學者로서의 나의 인생, 지난 40여 년간의 임상경험이 축적되어 있다. 더 늦기 전에 이 귀중한 자료들을 후학들에게 남기고 싶은 일념에서 저술하게 된 것이다.

대부분의 命理學 책이 문장(文章)은 화려한데, 문리(文理)를 깨닫기가 어렵고 학설과 주장이 서로 달라 후학들이 공부하는 데 혼선에 빠져 명리학을 몇 십 년을 공부하고도 종잡을 수 없는 것이 오늘날의 실정이다.

이에 저자는 미급(未及)을 무릅쓰고 오랫동안의 임상경험과 선인(先人)들이 남긴 귀중한 자료들을 정리하여 편술하는 바, 후학들이 명리학을 공부하는 데 도움이 되기를 바란다.

이 책을 만나는 순간 다른 命理學 책에서는 보기 힘든 이론과 비법에 눈이 활짝 열릴 것이라 자부한다.

이 책 한 권으로 당신도 四柱大家가 될 수 있다.

이 책의 내용을 잘 익혀 실제 현장에서 활용한다면 고객들의 호응이 대단할 것임을 믿어 의심치 않는다.

특히 제19장 사주집중분석(四柱集中分析) 101문제는, 사주를 감정하는 데 크게 도움이 되리라 확신한다.

孫中山 識

목차

제1장

사주학(四柱學)의 근원(根源)과 발전과정

사주학(四柱學)은 명리학(命理學)으로서 일명 추명학(推命學)이라고 한다. 출생한 生年月日時를 기준하여 陰陽五行으로 나타난 十干, 十二支를 四柱라고 한다.

첨단과학이 발달한 오늘날에도 아직까지 소멸하지 않고 사회에 뿌리를 깊게 내리고 있는 것은 한 치 앞도 내다볼 수 없는 인간에게 있어서 암흑(暗黑) 속에 헤매는 미지(未知)로부터 자기의 운명을 밝혀주는 나침판 역할을 하기 때문이다. 나침판이 없는 배(船)는 항해할 때 방향을 잃는 일이 생기고, 가려고 하는 목적지까지 무사히 도달할 수 없는 것이다.

陰陽五行學은 앞으로 닥칠 재난을 미리 알아내어 전화위복(轉禍爲福)하는 방법을 알려주는 학문이다. 앞으로 닥칠 자기의 운명을 밝혀주는 등불과도 같은 것이다. 개미들도 비가 올 것을 미리 알고 높은 곳에다 집을 짓고, 땅에 구멍을 파고 사는 미천한 벌레들도 장마가 올 것을 미리 알고 높은 곳에다 안식처를 마련한다.

하물며 만물의 영장(靈長)이라고 하는 인간이 자기의 앞날을 모르고 당할 수 있겠는가. 그래서 동양에서는 일찍부터 생활 일반으로부터 각종 학문에 이르기 까지 음양오행의 원리를 적용하여 왔으며, 이것이 점차 발전하여 생명을 다스리는 의학과 과학에 까지 이용 발전되고 있다.

따라서 陰陽五行學은 기상학(氣象學)이요 자연과학이며, 형이상학(形而上學)으로서 철학, 의학, 과학, 법률, 정치, 사회학에까지 공헌한 바가 크다.

형이상학(形而上學)이란 정신세계를 말하고, 무형무상(無形無象)을 의미하며, 반대로 형이하학(形而下學)은 물질이며, 유형유상(有形有象)을 말한다.

우주의 창조원리를 가장 뚜렷하게 밝힌 것은 바로 동양철학의 정수(精髓)요, 위대한 陰陽大家인 노자(老子)가 말하기를 無는 有를 생하고, 有는 一을 생하며, 一은 二를 생하고, 二는 三을 생하며, 三은 만물(萬物)을 생한다고 하였다.

老子는 천문, 지리, 인사에 통달한 도인답게 우주와 만물의 창조과정을 상수학(象

數學)적으로 이론정연하게 밝힌 것이다. 이 상수(象數)를 근본으로 하는 주역(周易)은 一은 水요, 二는 火이며, 三은 木이요, 四는 金이며, 五는 土라고 규정한다.

이 다섯 가운데 생명력을 가진 것은 오직 木뿐이다.

木은 단순한 나무가 아니라 생명을 가진 동물과 식물 등 모든 생물체와 만물을 집약한 생명의 대명사로서 인간을 비롯한 중생은 모두 하나같이 木에 속한다.

태초(太初)에 조물주가 천지를 개벽시키면서 맨 먼저 창조한 것은 물(水)이다. 조물주가 물로서 만물을 창조하였다는 원리는 동양철학에서 비롯된다. 서양철학의 창시자라고 존중받는 희랍의 탈레스보다 먼저 중국의 老子에 의해서 정립된 이론이다.

천일생수(天一生水), 지이생화(地二生火), 삼생만물(三生萬物) 의 원리가 바로 老子의 이론이다. 그 물(水)은 창조주의 씨앗으로서 빗물을 통해서 지구상에 뿌렸으니 이를 天一生水 라 하고, 땅은 그 씨앗을 품어서 만물을 부화(孵化)하였으니 이를 地二生火 라고 하는 것이다.

땅의 불(火)은 단순한 불이 아니라 생명을 부화(孵化)시키는 창조의 조화(造化)로써 "化"를 말한다.

중생의 씨앗인 하늘의 빗물과 땅의 부화로서 창조된 생명을 만물이라 한다. 이를 삼생만물(三生萬物)이라고 칭한 것이다.

음양오행의 운동법칙이란 우주의 변화법칙(變化法則)이요, 만물의 생멸법칙(生滅法則)이며, 정신의 생성법칙(生成法則)이다. 따라서 우주의 모든 변화가 이 법칙 밖에서 일어날 수 없다.

陰과 陽은 인간을 비롯한 천지만유(天地萬有)를 창조한 조물주이다. 陰은 육신이요, 陽은 정신이다. 육신은 형체가 있는 물체인 데 반해서 정신은 형체가 없는 기체(氣體)이다.

사주의 구성 원리는 우주의 力學원리를 그대로 응용하여 변화하는 과정을 나타냄으로서 이를 위주로 분열의 법칙에서 상대성이론으로 정립하면서 한 치의 오차도 없이 질서정연하게 易의 이치를 그대로 반영하여 구성되고 있음을 잘 보여주고 있다.

오행(五行)이란 개념은 무극(無極)의 허공세계에서 태극(太極)으로 발전하고, 태극은 다시 陰과 陽이라는 두 가지 기운으로 나누어지는데, 그 陰陽은 또다시 각각 분합(分

合)작용을 일어 킴으로서 다섯 개의 새로운 성질이 발생하게 되니 이것을 오행이라고 하는 것이다.

서자평(徐子平)은 "명통부"에서 太極이 나뉘어 天地(陽과陰)가 되고, 五行으로 만물을 생기게 하니, 사람이 운명을 부여 받는 것과 빈부귀천(貧富貴賤)이 모두 여기에서 비롯된다고 했다.

五行은 陰陽의 변화작용에서 나타나는 다섯 개의 원소(元素)인 木, 火, 土, 金, 水가 순서대로 발전하는 만유(萬有)의 운동법칙이다. 그것은 음과 양에 의해서 봄에는 만물이 발생(發生)하고, 여름에는 성장(成長)하며, 가을에는 성숙(成熟)해서 거두고, 겨울에는 갈무리(收藏)하는 운기(運氣)의 진행과정을 말한다. 인간 역시 소우주(小宇宙)이므로 음양오행의 변화원리에 순응하며 살아간다. 그러나 고전과 명리학자들은 오행을 단순하게 木은 나무요, 火는 불이며, 土는 흙이요, 金은 쇠이며, 水는 물이라고 풀이하고 통용하고 있다.

그러나 木, 火, 土, 金, 水의 실체는 형(形)과 질(質)의 두 가지가 공존(共存)하고 있다. 그러므로 오행은 단순히 물질만을 대표하는 것이 아니고, 상(象)만을 대표하는 것도 아니다. 따라서 오행이란 이와 같이 무형(無形)과 유형(有形)의 양면성이 있으므로 모든 사물에 적용되는 개념이다.

오행의 변화와 작용은 사주를 연구하는 데 있어서 가장 핵심이 되므로 오행의 이치를 정확하게 파악하는 것이 사주학의 첫걸음이다.

주역(周易)의 근원(根源)은 수만 년 전에 중국의 복희왕(伏羲王) 으로부터 유래한다. 복희팔괘도(伏羲八卦圖) 3천년 후에, 문왕팔괘도(文王八卦圖)가 나왔고, 문왕팔괘도 3천년 후에 간방(艮方)인 조선에서 金火交易의 실상인 정역팔괘도(正易八卦圖)가 19세기 말에 김일부(金一夫)에 의해서 창시되었다. 정역도(正易圖)의 창시자인 金一夫 (1826~1898) 선생은 본명이 김항(金恒)으로서 충남 논산군 연산면 양촌리에서 태어났다. 김항은 조선시대의 역학자로서 後天의 도래와 지축(地軸) 정립을 예시하는 정역팔괘를 상(象)으로 받아 낸 대학자이다.

옛날 우리나라에서도 조선 왕조시대로부터 구한말과 일제치하에서도 이름난 역학자가 많이 배출되었으며, 해방 후에도 유명한 역학자들이 나타났다.전백인(全白人) 선생이 동양의 名人이었고, 근년에 와서는 서울의 김동초(金東楚), 이석영(李錫暎) 선생이 있었으며, 대전의 도계(陶溪) 박재완(朴在玩) 선생과 부산의 이남원(李南園) 선생 그리고 제산(霽山) 박재현(朴宰顯) 선생 이 각각 사주학의 발전에 공헌한 분들이다.

자강(自彊) 이석영(李錫暎) 선생은 1920년 평안북도 삭주군 남평리에서 부농(富農)의 아들로 태어났다. 1948년에 월남하여 서울에서 한국역학교육학원을 개설하고 많은 후학을 배출했으며, 선생은 사주첩경(四柱捷徑) 六卷을 저술하여 유명 역학자로 이름을 알렸다.

특히 많은 역학자 중에서도 부산의 박도사로 소문이 난 제산(霽山) 박재현(朴宰顯) 선생이 업계의 장점(頂点)에 서 있었다.

霽山 선생은 경남 함양군 서상면, 乙亥明堂 아래에서 乙亥年에 육남매의 막내로 태어났다. 그가 태어나고 자라면서 西上面에 신동(神童)이 났다고 소문이 자자했다고 한다. 부산 박 도사로 소문이 나고 난 뒤, 수많은 유명 정치인과 재계 유명 인사들이 다녀갔다고 한다. 그러나 안타깝게도 2000년(庚辰年) 65세 나이에 중풍으로 타계하였다.

한국의 四柱學 발전과정에서 정립(定立)된 이론을 체계화(體系化)한 오대문파(五大門派)를 소개하면 다음과 같다.

먼저, 첫째 門派로 三命通會를 인용하여 12神殺을 위주로 발전시킨 朴一宇 선생의 神殺 門派가 있고,

두 번째 門派로는 日主의 强弱을 위주로 抑扶法을 정립한 자강(自彊) 이석영(李錫暎) 선생의 抑扶 門派가 있다.

셋째로 月令을 위주로 格局을 세워서 감정하는 도계(陶溪) 朴在玩 선생의 格局 門派가 있으며,

네 번째 門派로 계절(季節)을 위주로 한난조습(寒暖燥濕)의 조후(調候)를 중심으로 감정하는 調候 門派로 申六泉 선생과 朴宰顯 선생이 있었다.

마지막으로 자연환경과 밀접한 관계가 있는 물상(物象)을 중심으로 사주감정을 하는 邊萬里 선생과 朴宰顯 선생의 物象 門派가 있다.

著者는 운명적으로 邊萬里(本名, 崔炳柱) 선생으로부터 직접 사사(師事)받았는데, 선

생님은 古典 命理學에서 주창하는 격국론을 완전 배격(排擊)하시고 주로 物象法과 調候法 중심으로 지도하셨다.

오늘날에 와서 참으로 다행한 것은 易學을 연구하고자 하는 분들의 학력이 전에 없이 높아졌고, 대학과 대학원에서도 역학강좌를 개설하여 학문으로서 탐구하는 열의(熱意)가 고조되고 있음이 역학의 발전에 서광(曙光)이 비치고 있다고 하겠다.

易學은 결코 미신(迷信)이 아니며, 형이상학(形而上學)이요, 자연과학(自然科學)이며, 기철학(氣哲學)으로서 태양의 운기(運氣)에 따라 변화하는 생태계(生態界)의 변화원리를 연구하는 만고(萬古)의 진리로서 인간이 생존하는 데 있어서 절대 불가분의 실존적 학문이다.

이 학문은 앞으로 닥쳐올 재난(災難)을 모르고 방황하고 있는 수많은 사람을 제도(濟度)하고, 한 치 앞도 내다볼 수 없는 사람들에게 앞으로 일어날 운명을 밝혀주는 등불이다.

오직 이 학문만이 암흑(暗黑)의 세계로부터 光明으로 인도하여 가르쳐 줄 수 있기 때문에 지금까지도 많은 사랑을 받아 왔고, 앞으로도 이 우주 공간에 있는 만물이 사라지는 그날까지 영원한 학문으로 대접 받을 것이다.

제2장

사주 기본이론
(四柱 基本理論)

1. 무극(無極)

무극이란 허공(虛空)으로서 완전한 공간을 말한다.

우주가 生成되기 이전에는 아무것도 없는 암흑시대여서 인간은 물론 아무런 생명체도 없는 허무의 세계였다. 이런 시대가 수억만 년 계속되다가 약 100억 년 전에 빅뱅이라는 대폭발로 인하여 태양계가 형성하게 된 것이다.

그 후, 태양계에서 지구가 떨어져 나온 것은 약 46억 년 전이라고 전해져 온다. 그후로부터 약 36억 년 후에야 비로소 지구에서 생명이 꿈틀거리기 시작한 것이다.

이것은 1859년에 다윈의 진화론(進化論)이 대두되면서 알려진 사실이다. 그 이전에는 우주 안에 존재하는 모든 삼라만상 (森羅萬象)은 물론, 인간도 하느님이 창조했다는 소위 창조론(創造論)이 약 2,000년 동안 지배되어 왔다.

무극(無極)은 우주가 生成되기 이전의 無의 세계에서 有로 진화시킨 씨앗으로서, 우주는 바로 그의 뜻에 따라 만들어진 무극의 작품이요, 구상화(具象畵)이다. 그리고 무극의 대표작은 대자연이라 할 수 있다.

2. 태극(太極)

太極은 陰과 陽으로 구성된다.

陰을 상징하는 것은 물(水)이요, 陽을 상징하는 것은 불(火)이다. 불은 붉고, 위로 치솟는 데 반해서 물은 검으며, 아래로 흐른다.

불(火)을 대표하는 것은 태양(太陽)이다. 태양은 東方에서 떠오르고 南方에서 충천(沖天)하며, 西方에서 거두어지고, 北方에서 갈무리한다.

낮은 陽이요, 밤은 陰이다. 남자는 陽이요, 여자는 陰이다.

인간은 생명체인 동시에 만물을 대표하는 영장(靈長)이다. 인간은 陰과 陽에서 태어난 소생(所生)이듯이 우주만물 역시 하나같이 陰과 陽으로 구성된 太極의 소생이다.

無極은 아무것도 없는 無의 세계인 데 반해서, 太極은 생명을 잉태(孕胎)하고 생성하는 한 쌍의 부부(夫婦)이다.

만일 無極이 없었다면 太極은 탄생할 수 없었듯이, 太極이 없었다면 인간은 물론 우주만유(宇宙萬有)는 탄생할 수 없을 것이다.

이러한 자연법칙이 우주의 변화법칙이며, 인간은 물론 만물에 적용되는 만고불변(萬古不變)의 진리인 것이다. 그래서 우리 인간을 소우주(小宇宙) 또는 소천지(小天地)라고 말하는 것이다.

동양철학을 연구하려면 먼저, 우주의 변화원리를 연구하여야 한다. 이유는 易學을 연구하는 첫걸음이기 때문이다.

3. 음(陰)과 양(陽)

우주에 존재하는 삼라만상(森羅萬象)이 끊임없이 변화하고 있는 것은, 陰과 陽의 운동과 작용에 의해서 일어나는 현상이다. 陰과 陽의 이질적인 운기(運氣)가 서로 生剋하면서 모순과 대립의 과정을 거듭하며 일어나는 현상이다.

陰은 땅이요, 陽은 하늘이다. 陰은 물이요, 陽은 불이다. 땅은 네모지고 하늘은 둥글며, 물은 차고 어두우며, 불은 뜨겁고 밝다. 땅은 낮고 작으며, 하늘은 높고 크다.

태초(太初)에 조물주가 天地를 개벽시키면서 제일 먼저 창조한 것은 물이다. 그 물은 빗물로서 지구상에 뿌리게 하였으니 이것이 중국의 위대한 음양대가인 노자(老子)가 말한 天一生水, 地二生火, 三生萬物 순으로 生成되었다고 주장하였다. 老子는 無는 有를 生하고, 有는 一을 生하며, 一은 二를 生하고, 二는 三을 生하며, 三은 만물을 生한다고 하였다. 그는 陰陽大家로서 우주가 만물의 창조 과정을 상수이론 (象數理論)으로 논리 정연하게 陰陽의 진수(眞髓)를 밝힌 것이다.

周易상으로 一은 水요, 二는 火이며, 三은 木이요, 四는 金이며, 五는 土라고 표현한다. 이 다섯 가지 중에서 생명을 가진 것은 오직 木뿐이다.

陰은 여성이요, 陽은 남성이다. 여성은 온화하고 피동적인 데 반해서, 남성은 씩씩하고 능동적이다.

陰은 陽에서 발생하고, 陽은 陰에서 발생한다. 이것이 소위 陰生陽, 陽生陰의 관계이다.

4. 오행(五行)

五行이란 두 가지 이질적(異質的)인 陰陽의 이합집산(離合集散)과 변화작용에 의하여 탄생된 다섯 가지의 운동법칙을 말한다. 즉 陰陽이 다시 발전하면서 나타난 형상으로, 우주의 변화원리는 사실상 陰陽의 운동 작용으로서 이것을 구체적으로 분화(分化) 시킨 것이다. 그러므로 陰과 陽은 五行의 근간(根幹)이요, 또한 五行은 陰陽의 운동 작용에서 얻어진 지엽(枝葉)인 것이다.

五行이란 우주 내에 존재하는 만물(萬物)을 木, 火, 土, 金, 水의 다섯 가지로 분류한 것이다. 다시 말하면 五行은 陰陽의 운동 법칙을 다섯 가지로 표현한 것이다.

陰陽五行의 운동법칙은 우주의 변화법칙(變化法則)이요, 생멸법칙(生滅法則)이므로, 모든 生物은 이 법칙에서 벗어날 수 없다.

木, 火, 土, 金, 水는 단순한 나무, 불, 흙, 쇠, 물과 같은 형체만을 뜻하는 것이 아니다. 그렇다고 이것을 전혀 부인하는 것도 아니다. 다시 말하면 五行은 형체(形体)와 기질(氣質)의 양면성(兩面性) 을 공유하고 있다.

体는 상(象)이요, 기질은 기(氣)로 표현한다. 즉 五行은 오상(五象)과 五氣로 인식되는 것이다. 따라서 五行은 木氣, 火氣, 土氣, 金氣, 水氣로 이해해야 한다.

木氣는 시작과 발생(發生)을 의미하고,

火氣는 성장(成長)과 발산(發散)을,

土氣는 잉태(孕胎)를,

金氣는 과실(果實)이 무르익는 성숙(成熟)을,

水氣는 곡식을 거두고, 갈무리하는 수렴(收斂)을 의미한다.

따라서 五行의 운동법칙은 陽의 운동인 木, 火에서 분산(分散)되고, 陰의 운동인 金, 水에 의해서 종합되는 것이다.

五行의 변화와 작용은, 四柱를 연구하는 데 있어서 가장 핵심적인 요소가 되므로, 五行의 이치를 정확하게 이해하는 것이 급선무이다.

1) 木氣의 성정(性情)

木은 아무것도 없는 地上에 그 무엇인가 뾰족하게 나타나고 발생하는 모습을 상징하는 상형문자(象形文字)이다. 나타나고 있는 것은 생명의 형체이며, 물체이다. 木은 이제 막 싹이 터서 자라나는 어린 나무이고, 생명이다.

마치 물이 솟아오르는 용출(湧出)하는 모습과 같다. 샘물이 용출하는 모습을 표현하는 것으로 木의 기능을 잘 나타내는 말이다. 즉 木은 분발하는 모습이므로, 용력(勇力)과 용출(湧出)하는 모습이 木氣의 성질에 대한 상징인 것이다. 木은 글자 그대로 地上에 한 가닥이 뾰족하게 나타나고, 그 아래 땅 밑에 세 가닥의 뿌리를 내리고 있는 형상이다.

五行은 순서대로 발전하는데, 木은 水의 도움으로 시작된다. 따라서 水, 木, 火, 土, 金의 순으로 발전한 것이다.

이 우주의 생성과정과 같이, 水가 이 우주상에 제일 먼저 나타났으므로, 유명한 陰陽大家인 老子가 天一生水, 地二生火, 三生萬物의 이론을 주창(主唱)한 것이다. 먼저 하늘에서 빗물이 내리고, 땅에서는 불이 생겨나고, 水와 火 즉 陰인 水氣와 陽인 火氣의 작용에 의해서 만물(萬物)이 生成된 것이란 뜻이다. 그래서 우주와 만유(萬有)가 발생(發生)하고, 성장(成長)하며, 성숙(成熟)해서 수렴(收斂)하는 운동과 변화의 법칙인 五行은 水에서 비롯된 것임을 알 수 있다.

木은 이제 막 싹이 터서 점점 자라나는 어린나무이고, 생명이다. 그래서 木으로 태어난 사람은 천진난만하고 애정이 풍부하며, 푸른 하늘처럼 꿈과 희망에 부풀어 있으며, 착하고 순진한 성격이다.

木은 어질 "仁"자의 대명사이다. 方位로는 東方에 위치한다. 그래서 東方木이라 칭하고, 중국에서는 우리나라를 東方에서 활을 잘 쏘는 사람들이라고 해서 동이인(東夷人)이라고 호칭했다.

木은 착하고 어질기 때문에 동양(한국, 중국, 일본)에서 군주정치(君主政治)가 발달했던 것도 우연이 아니며, 木의 특성인 굴종(屈從)과 순종(順從)하는 백성이 있었기에 가능했다고 본다.

2) 火氣의 성정(性情)

아침의 태양은 빛과 열이 따스한 데 반해서, 正午의 태양은 빛과 열이 부시고 뜨겁다. 火氣는 봄의 따스한 빛과 열이 성장하고 변화한 것을 의미한다. 봄의 運氣가 사라지고, 분열(分裂)과 장무(長茂)라는 새로운 질서가 시작되는 것이다.

火의 참뜻은 변화(變化)한다는 화(化)를 뜻한다. 봄에 태어난 만물은 여름이 되면, 무럭무럭 성장해서 무성하게 성장한다는 과정을 말한다. 크게 자라나서 어른이 되는 성장과 변화를 의미한다.

이와 같은 상태를 자연계에서 관찰하여 보면, 꽃이 피는 계절이다. 봄에 태어난 만물은 여름이 되면 무럭무럭 성장해서 무성하게 성장한다. 무성하게 성장해서 번성(繁盛)하는 계절은 여름이요, 方位는 南方이며, 인간이 성장해서 成年이 되는 것은 청년시절이다.

南方과 여름, 청년은 모두 木에서 발생한 태양과 만물과 인간의 성장과 변화를 상징하므로 이를 火라고 표현한 것이다.

木은 따스한 生氣인 데 반해서, 火는 뜨거운 열기(熱氣)인 것이다. 그 열기는 변화하는 화기(化氣)로서, 태양과 만물은 하나같이 火의 五行인 火氣에 의해서 성장하고 발전한다.

日干이 火 五行으로 태어난 사람은, 성질이 급(急)하고 정열적이며, 결단력이 있고 비밀이 없으며, 적극적인 성격이다.

또한 진취적이고 용감하며, 총명하고 예의가 바르다.

3) 土氣의 성정(性情)

土는 글자 그대로 풀이하면 흙이요, 땅을 말한다. 五行은 만물이 발생하고 성장하며, 거두고 수장(收藏)하는 운동과 변화의 법칙이다. 그러나 흙은 生과 死가 없듯이, 운동과 변화가 없다.

그럼에도 불구하고 土가 五行의 중심이요, 핵심의 위치에 있는 것은 土를 글자대로 풀어보면 +와 -로 구성되어 있다. 즉 +는 陽이요, -는 陰이다. 陰과 陽이 하나로 뭉친 것이 土의 모양이다.

木은 어린 소년이요, 火는 청년이고 어른이다. 인간은 어른이 되면 저마다 짝을 찾아서 결혼을 하게 된다. 결혼하기 전에는 총각과 처녀이지만, 결혼을 하게 되면 남편과 아내로서 한 쌍의 부부가 된다. 한 쌍의 부부를 상징하는 오행이 바로 土이다.

만유(萬有)는 陰과 陽의 부부의 소생이듯이, 우주의 어버이인 土에서 태어난 소생인 것이다. 그러나 土 자체로서는 힘을 발휘할 수 없다. 무엇인가에 의지해서 만들어져야 한다.

土地 위에 사과나무를 심으면 과수원이 되고, 집을 지으면 집터로 변한다. 그래서 土는 수동적이고, 피동적이다.

인간과 동식물은 흙을 떠나서는 한순간도 살 수 없듯이, 흙에서 태어나서 흙으로 돌아간다.

日干이 土 五行으로 태어난 사람의 성격은 신용은 있으나, 주체성이 없고 수동적이며, 남에게 의지하고, 부화뇌동(附和雷同)을 잘하며, 독립심이 부족하다.

4) 金氣의 성정(性情)

金은 글자대로 풀이하면 쇠가 되고, 金이 된다. 쇠나 金은 만물이 발생하고 성장하며, 운동하고 변화하는 오행과는 전혀 다르다. 아침에 솟아 오른 태양은 저녁이면 西方으로 기울고 저물어 간다.

아침의 해는 발생과 시작을 상징하는 데 반해서, 저녁의 해는 거두고 갈무리하는 수렴(收斂)과 종말을 의미한다.

봄철에 발생(發生)한 만물은 여름 동안 성장(成長)해서, 가을이면 성숙(成熟)함과 동시에 겨울에는 거두어들인다. 그 성숙한 열매가 바로 金氣의 五行이다.

거두어진 오곡백과(五穀百果)는 인간을 먹이고, 살찌우는 빵이 되는 동시에, 시장에서 사고파는 상품으로서 돈을 마련할 수 있다. 돈은 경제의 기본단위요, 자본이다.

가을에 서리(霜)가 내리면 고춧잎을 비롯한 모든 식물의 잎이 시들고 떨어짐과 동시에 태양의 광합성(光合成)이 중단된다. 광합성이 중단되면 오곡백과는 더 이상의 성장을 멈추고 서둘러 결실을 맺는다.

그래서 金은 성숙(成熟)한 열매요, 빵인 동시에 돈과 경제를 상징한다. 계절로는 가을에 해당하고, 方位는 西方에 위치한다.

日干이 金으로 태어난 사람의 성격은 의리는 있으나, 냉정하고 차가우며, 실리적이고 실속파다.

경제적인 계산에 철저한데, 西洋人이 여기에 속한다.

5) 水氣의 성정(性情)

水는 글자대로 풀이하면 물이다.

물은 生物이 살아가는 데 필수적이지만, 겨울이면 태양의 빛과 열이 무기력(無氣力)함 으로서 땅이 얼고, 한기(寒氣)가 몰아친다.

벌레들은 추위를 피해서 땅속에 숨어 버리고, 오곡백과는 얼지 않도록 저장실에 갈무리한다. 오곡을 지하 저장실에 수장(收藏) 하는 五行을 水氣로 표현한다.

水는 겨울과 밤을 상징함으로서 北方水요, 동수(冬水)라고 한다. 겨울은 영원한 것이 아니라 때가 되면 겨울은 물러가고 따스한 봄이 돌아온다.

지구가 태양을 중심으로 한 바퀴 돌고 돌듯이, 태양의 운기(運氣)에 따라 春, 夏, 秋, 冬의 절기는 쉬지 않고 운행한다.

우주의 변화는 五行의 운동법칙에 따라 변화하는 것인데, 실제로 변화하는 본체(本體)는 물인 것이다.

물이 변화하는 과정을 살펴보면 물이 가진 응고성(凝固性)과 자율성(自律性)과 중화성(中和性)으로서, 만물을 生成하는 기본조건이므로, 물이 우주의 본체(本體)라고 하는 것이다.

이것을 人生에 비유하면, 겨울은 노년기(老年期)에 해당하고, 사계절에 배속하면 겨울이요, 方位로는 北方에 해당한다.

日干이 水로 태어난 사람의 성격을 보면, 지혜가 비범하고 총명하며, 권모술수(權謀術數)가 대단하다. 그래서인지 정치인 중에 겨울태생이 많다.

예를 들면 유명 정치인 중에 대원군(大院君), 박정희(朴正熙), 김영삼(金泳三), 김대중(金大中), 전두환(全斗煥), 이명박(李明博), 박근혜(朴槿惠), 문재인(文在寅), 윤석열(尹錫悅) 대통령 등은 모두 겨울태생이다.

지금까지 설명한 木, 火, 土, 金, 水의 五行은 곧 五氣를 말한다. 五氣란 木氣, 火氣, 土氣, 金氣, 水氣를 총칭한 것이다. 氣는 우주의 에너지로서, 天氣와 地氣로 나누어진다.

天氣는 우리가 호흡하고 있는 공기를 말하며, 地氣는 땅에서 자란 음식물을 통해서 地氣를 섭취하고 있다.

地上에 존재하는 모든 사람과 生物은 氣가 충만하면 건강하고, 잘 자란다. 氣가 약하거나 부족하면, 병이 들고 시들며, 氣가 없으면 모든 生物은 죽는다.

氣를 움직이는 것은, 오직 태양(日)과 달(月)이다. 지구가 태양을 일주(一周)하면서 생기는 변화가 春, 夏, 秋, 冬의 사계절이다.

그래서 봄에 태어난 사람의 氣와 여름에 태어난 사람의 氣, 그리고 가을에 태어난 사람의 氣와 겨울에 태어난 사람의 氣는 확연하게 다르다.

그래서 필자는 사람의 성격을 볼 때 月支를 중심으로 보는데, 고객들이 모두 정확하다고 하였다.

태어난 계절에 따라서 사람의 성격은 물론이고, 운명(運命)과 체질(体質)이 각자 다른 것은, 五行 즉 五氣의 변화 작용이라는 사실을 명심해야 한다.

6) 五行과 계절론(季節論)

우주 내에 존재하는 모든 생물체는 계절(季節)의 변화에 따라 자연계의 영향을 받지 않을 수 없는 것이다.

계절은 立春을 기준해서 寅·卯·辰 月을 春三月이라 하고, 巳·午·未 月은 夏節이며, 申·酉·戌 月은 가을을 느끼고, 亥·子·丑 月은 겨울을 느낀다. 따라서 五行의 왕쇠강약(旺衰强弱)을 설명하면 다음과 같다.

(1) 木의 五行

木은 봄철인 寅·卯·辰 月에 旺하고, 巳·午·未 月은 여름, 火의 계절이라 木이 火에게 生氣를 설기(泄氣) 당하므로 弱하며, 申·酉·戌 月은 가을, 즉 金의 계절이라 木은 가장 쇠약하다.

亥·子·丑 月은 겨울이라 태양의 조사(照射)가 필요한 계절이나, 그래도 水生木하는 공으로 木이 강해진다.

(2) 火의 五行

火는 巳·午·未 月인 여름에 가장 旺하고, 申·酉·戌 月, 가을에는 서늘하면서 만물의 결실을 뜻하므로 火氣가 弱하며, 亥·子·丑 月, 겨울에는 천지만물이 동결(凍結)되는 계절이므로, 火氣가 가장 쇠약하다.

그러나 寅·卯·辰 月, 봄철에는 봄의 생기가 火를 생하므로 다시 강해진다.

(3) 土의 五行

土는 辰·戌·丑·未 月에 가장 旺하다.

辰月은 봄의 계절이라 寒氣가 서서히 물러가고, 더운 夏節이 시작되는 사이에 있으므로, 木生火하여 초목의 뿌리가 단단하게 내리는 습토(濕土)이다.

未月은 여름의 계절로서 더위는 점차 약해지고, 서늘한 가을이 다가오는 계절이다. 그러나 未土는 조토(燥土)이므로 火氣가 남아 있다.

戌月은 가을의 계절로서, 만물이 결실을 맺는 계절이므로 水氣의 濕土보다 火氣의 燥土가 필요한 때이다.

丑月은 寒冷한 겨울의 계절이라, 만물을 얼지 않게 수장(收藏)하여야 하는데, 火氣가 필요하므로 燥土가 필요하다.

봄철은 木의 계절이라 木剋土를 당하여 土가 가장 쇠약하고, 여름철에는 火의 계절이라 火生土하여 土가 가장 旺하며, 가을에는 金의 계절이라 土生金하므로 土가 金에게 설기당하여 약하다. 겨울, 亥·子·丑 月은 土剋水하여 相沖하므로 土氣가 가장 쇠약하다.

(4) 金의 五行

金은 申·酉·戌 月에 가장 旺하고, 辰·戌·丑·未 月은 土生金하여 강하며, 겨울, 水月은 金生水로 설기를 당하여 金이 약해지며, 봄은 木의 계절이라 金剋木으로 金이 약하며, 여름에는 火의 계절이라 火剋金하므로 金이 가장 쇠약하다.

(5) 水의 五行

水는 亥·子·丑 月에 가장 旺하고, 申酉 月에는 金生水하므로 강해지며, 巳·午·未 月은 水剋火로 극설(剋泄)이 심하므로 약해지고, 寅·卯·辰 月은 水生木으로 木에게 설기당하여 약해진다.

5. 십간(十干)

五行을 다시 陰과 陽으로 나누면 열 개가 된다. 그 열 개로 나누어진 五行을 문자로 구체화시킨 것을 十干이라고 표현한다.

十干은 天干에 위치하므로 十 天干이라 하는데, 줄여서 十干이라 칭한다. 즉 甲, 乙, 丙, 丁, 戊, 己, 庚, 辛, 壬, 癸의 열 개를 말한다.

十干을 五行별로 나누면 甲乙 木, 丙丁 火, 戊己 土, 庚辛 金, 壬癸 水로 나뉜다.

甲, 丙, 戊, 庚, 壬은 陽干이요,

乙, 丁, 己, 辛, 癸는 陰干이라 칭한다.

木은 발생과 시작을 뜻하고, 火는 成長과 발산(發散), 그리고 土는 잉태(孕胎)를 뜻하고, 金은 성숙(成熟)을 뜻하며, 水는 갈무리하는 수장(收藏)을 뜻한다. 陽은 氣요, 陰은 体이므로 十干의 성정(性情)도 陽과 陰에 따라 그 기능이 다르다.

甲木은 生氣요, 乙木은 甲의 生氣에 의해서 발생한 生物이다.

丙火는 成氣요, 丁火는 成物이다.

戊土는 태기(胎氣)요, 己土는 태물(胎物)이다.

庚金은 숙기(熟氣)요, 辛金은 숙물(熟物)이다.

壬水는 냉기(冷氣)요, 癸水는 냉물(冷物)이다.

氣는 우주의 에너지로서 쉴 새 없이 움직이고 변화하지만, 体는 정지된 상태로 변하지 않는다. 氣를 움직이는 것은 태양과 달이다. 지구가 태양을 중심으로 한 바퀴 순환하면 365일이 걸리는데, 이 기간 중에 춘하추동 (春, 夏, 秋, 冬)의 사계절이 변하는 것이다.

6. 십이지지(十二 地支)

十二地支를 十二支로 표현하는데, 즉 子, 丑, 寅, 卯, 辰, 巳, 午, 未, 申, 酉, 戌, 亥의

열두 개의 地支로 이루어진다.

天干과 地支를 서로 배합한 것을 干支라 한다. 天干은 하늘을 뜻하고, 地支는 아래에 위치하므로 地支라고 표현한다.

十干은 만물이 발생하고 성장하며, 화합하여 잉태하고 성숙해서 거두며, 갈무리하는 과정과 모습을 나타낸다.

十二支는 땅의 원리를 본 뜬 것이다. 우선 東, 西, 南, 北의 방위(方位)와 春, 夏, 秋, 冬의 절기(節氣) 그리고 낮과 밤의 시각(時刻)을 十二等分으로 세분화(細分化)한 것이다.

1) 방위(方位)

子는 正北方이고, 午는 正南方이며, 卯는 正東方이고, 酉는 正西方이다. 正東, 正南, 正西, 正北은 각각 양쪽으로 15도, 15도씩 배정하므로 각각 30도가 되어 동서남북을 합하면 120도가 된다.

또한 간방(間方)은 각각 60도가 배정되므로 사간방(四間方)을 합치면 도합 240도가 된다. 이렇게 해서 총합이 360도의 원을 이루게 된다.

즉 子와 卯의 사이를 東北間이라고 하고, 卯와 午의 사이를 東南間이라 하며, 午와 酉의 사이를 西南間이라 하고, 酉와 子의 사이를 西北間이라 한다.

나침판은 子午를 중심축(中心軸)으로 한다.

이는 正北方과 正南方을 표시하는 것이다.

중국에서는 일찍부터 十二支의 방위를 팔괘(八卦)로 표시했다.

즉 子는 감방(坎方)이라 하고, 午는 이방(離方), 卯는 진방(震方), 酉는 태방(兌方)이라 한다.

그리고 동북간을 간(艮)이라하고, 동남간을 손(巽)이라 하며, 서남간을 곤(坤)이라 하고, 서북간을 건(乾)이라고 한다. 따라서 寅, 卯, 辰 방위를 총칭하여 東方이라 하고, 巳, 午, 未 방위를 南方이라 하며, 申, 酉, 戌 방위를 西方이라 하고, 亥, 子, 丑 방위를 北方이라 한다.

2) 절기(節氣)

寅, 卯, 辰 月은 봄의 절기(節氣)이고, 巳, 午, 未 月은 여름의 절기이며, 申, 酉, 戌 月은 가을의 절기이고, 亥, 子, 丑 月은 겨울의 절기이다.

절기의 시작은 正月로부터 시작되는데, 正月은 입춘(立春)을 기준하여 정한다. 다시 말하면 寅月부터 正月이 되고, 立春이 되어야 비로소 새 해가 시작되며, 세군(歲君)이 바뀌는 것이다.

따라서 만일 음력 12월에 立春이 들어오면 태세(太歲)가 바뀌고 월건(月建)역시 寅月이 되며, 반대로 음력 1월이 지나도 立春이 들어오지 않으면 태세가 바뀌지 않는다.

寅月은 맹춘(孟春), 卯月은 중춘(仲春), 辰月은 계춘(季春)이라 하고, 巳月은 맹하(孟夏), 午月은 중하(仲夏), 未月은 계하(季夏) 또는 만하(晩夏)라고 한다.

또 申月은 맹추(孟秋), 酉月은 중추(仲秋), 戌月은 계추(季秋) 또는 만추(晩秋)라 한다. 亥月은 맹동(孟冬), 子月은 중동(仲冬), 丑月은 계동(季冬) 또는 만동(晩冬)이라 표현하기도 한다.

十二支는 열두 달로 나눠지고, 열두 달은 사계절로 구성되며, 사계절은 일년을 마련한다.

3) 시각(時刻)

하루는 열 두 시각(時刻)으로 나뉘어 진다. 하루의 시작은 子時에서 시작되어 亥時에서 끝난다. (시간(時間)은 하루가 24時間이다)

子時는 밤 11시 30분에서 오전 01시 30분까지
丑時는 01시 30분에서 03시 30분까지
寅時는 03시 30분에서 05시 30분까지
卯時는 05시 30분에서 07시 30분까지

辰時는 오전 7시 30분에서 9시 30분까지

巳時는 오전 9시 30분에서 11시 30분까지

午時는 오전 11시 30분에서 오후 1시 30분까지

未時는 오후 1시 30분에서 3시 30분까지

申時는 오후 3시 30분에서 5시 30분까지

酉時는 오후 5시 30분에서 7시 30분까지

戌時는 오후 7시 30분에서 9시 30분까지

亥時는 밤 9시 30분에서 11시 30분까지이다.

현재 일반인들이 통용하고 있는 子時는 오후 11시부터 오전 1시까지로 알고 있으나, 이는 크게 잘못된 것이다.

당초 대한제국(大韓帝國)은 1908년 4월에 우리나라 표준자오선(標準子午線)을 127도 30분으로 정하였으나, 일제 강점기인 1912년 1월 1일 조선총독부가 일방적으로 일본에서 통용되는 표준자오선인 135도선으로 강제로 변경시켰다.

동경(東徑) 135도선은 우리 영토 밖인 울릉도에서 멀리 떨어진 동쪽해상 약 350km 지점을 통과하고 있어 한국의 표준시는 실제시간인 태양시보다 약 30분정도 빠르게 되어 있다.

우리나라 내에서도 지역에 따라 표준자오선이 다르기 때문에 표준시간이 다른 법인데, 하물며 일본의 시간을 그대로 적용하고 있으니 한심하다.

서울은 동경 127도에 위치하므로 밤 11시34분에서 01시 34분까지를 子時로 보아야 한다.

대전은 밤 11시 30분에서 01시 30분까지

대구는 오후 11시 26분에서 01시 26분까지

부산은 오후 11시 24분에서 01시 24분까지를 子時로 본다.

이렇게 각 지역마다 표준자오선의 차이로 子時의 시간대가 각각 다르다는 것을 명

심하기 바란다.

生時로서 자녀궁을 보고, 말년과 사회활동의 향방(向方)을 알 수 있으며, 더욱이 日時가 상충(相冲)하거나, 상형(相刑)하면 부부해로가 어렵고, 배우자궁이 고독하다.

이렇듯 生時가 매우 중요한데, 시중의 역학자 약 80%이상이 아직도 子時를 밤 11시부터 01시로 착각하고 있으며 큰 오류를 범하고 있는 것이다.

불과 몇 분차이로 처와 자식과 운명의 길흉이 뒤 바뀌므로 하루속히 시정되어야 할 과제이다.

통상적으로 생활일반에서 통용하고 있는 하루는 24시간이다. 이것을 十二支에 대입시키면 한 시각은 두 시간씩 배정된다.

그럼 24시간을 십이지로 나타내려면 어떻게 하는가? 먼저 초(初)와 정(正)으로 구분한다.

즉 밤 11시 30분에서 12시 30분 사이는 초자시(初子時)라 하고, 밤 12시 30분에서 01시 30분 사이는 정자시(正子時), 또는 자정(子正)이라 한다.

또, 한 시간은 60분인데, 十二支로 표현하면 15분을 일각(一刻)이라 한다. 그러므로 한 시간은 사각(四刻)이 된다.

그리고 일각(一刻)이 15분인데, 15분전은 어떻게 표현하는가?

一刻이 되기 전까지는 각(刻)의 시초(始初)라 해서 초각(初刻)이라 한다.

4) 야자시설(夜子時說)

고전 명리학자들은 子時를 둘 로 나누어서 밤 11시부터 12까지는 야자시(夜子時)라 하고, 밤 12시부터 오전 1시 사이를 명자시(明子時)라고 주장하였다. 그러나 이 학설은 전혀 근거가 없는 속설로서 인위적으로 조작된 것이므로 믿지 말 것을 당부하는 바이다.

왜냐하면 일반인이 인식하고 있는 밤 12시는 자정(子正)이라 하여 하루를 마감하는 시간으로 인식한데서 비롯된다.

그러나 이 야자시설은 학술적으로도 모순이고, 또한 명리학 고전(古典) 어디에도 없는 것을 중세(中世)에 와서 각자의 편견으로 야자시(夜子時)니, 명자시(明子時)니 하면서 사주감정에 큰 오류를 범하고 있다.

子時는 밤 11시 30분부터 01시 30분 사이를 말한다. 그러므로 밤 11시 30분부터 일진(日辰)이 바뀌면서 하루가 시작되는 것이다.

夜子時와 明子時는 원래 기문서(奇門書)와 택일법(擇日法)에서 인용하여 사용하였으나 사주 명리학의 이론에는 정면으로 배치된다.

夜子時說을 주장하는 사람들은 사주의 주인공이 甲子日, 밤 11시에서 12시 사이에 태어났다면, 夜子時生이라 하여 甲子日, 甲子時로 四柱를 구성한다. 즉 태어난 당일의 일진(日辰)을 그대로 쓴다.

그리고 위 사주의 주인공이 만일 甲子日, 밤 12시부터 01시 사이에 태어났다면 명자시(明子時)가 되므로 비로소 甲子日이 아니고, 다음날 일진(日辰)인 乙丑日, 丙子時가 된다는 주장을 하고 있는 것이다.

이것은 五行의 순환법칙에도 어긋나고, 모든 시법(始法)에도 배치된다.

매년(每年)의 시작은 子年에서 시작되고, 매월(每月)의 시작은 寅月에서 시작하며, 하루의 시작은 子時로부터 시작된다.

子時는 밤 11시 30분부터 시작되므로 이때부터 다음날 일진(日辰)으로 바뀌는 것이다. 즉 甲子日 밤 11시 30분이 되면, 이때부터 日柱가 乙丑日로 바뀌고, 時柱는 丙子時가 되는 것이다.

7. 지장간(支藏干)

지장간이란 十二地支 속에 숨어 있는 天干을 말한다. 天干은 하늘을 상징하고, 地支는 땅을 상징하며, 지장간은 人元이라 한다. 그래서 天地人을 합쳐 三元이라 칭한다.

음양오행은 天地運氣에서 발생하는 변화에 따라 節氣와 運氣가 형성된다. 運氣는

初氣의 운기와 中氣의 운기 그리고 末氣 즉 正氣로 나뉜다.

한 달(30일)을 初氣, 中氣, 正氣로 각각 분담한 후, 남은 氣를 여기(餘氣) 또는 初氣라고 하는데, 正氣가 분담한 후에 남은 氣를 다음 달의 初氣로 이월(移越)하게 된다. 이월된 初氣가 바로 여기(餘氣)인 것이다.

예를 들면 寅 속의 지장간에는 戊, 丙, 甲이 들어 있다. 寅月(1월)은 丑月(12월)의 연장이므로, 丑土의 餘氣가 다음 달 寅月로 이월(移越)된 것이다.

예를 들면 寅月의 初氣인 戊土가 7일간 머물고, 그다음으로 中氣인 丙火가 7일간을 담당하며, 마지막 正氣인 甲木이 16일을 甲木이 관장(管掌)하는 것이다.

따라서 正氣(甲木)가 16일을 사용하고 남은 氣를 다음 달의 卯月로 이월시킨 것을 初氣 또는 餘氣라고 하는 것이다.

이것을 支藏干 즉 地下에 숨어 있는 天干을 말하는데, 특히 月支 중에 있는 지장간을 제일 강한 것으로 본다. 운기 중에서도 가장 왕성한 운기가 정기이다.

8. 공망(空亡)

十干, 十二地支로 구성된 干支는 모두 60개이다. 이를 60甲子라고 칭한다. 十干, 十二支를 순별(旬別)로 같이 배열(配列)하면 두 개가 남는다.

甲子에서 癸酉까지의 甲子旬 중에는 戌亥가 空亡이 되는데, 이것을 空亡이라 한다. 空亡을 一名 天中殺이라고 하는데, 空치고, 亡한다는 뜻이다.

空亡은 일상생활에서도 적용되는데, 가령 寅卯가 空亡인 사람은 東方에서는 무엇을 해도 헛수고하게 되고, 空치기 쉽다.

그러므로 空亡의 方位로 이사를 가거나, 空亡 달에 결혼, 이사, 개업, 사업변동 등은 평생 피해야 한다.

그동안 많은 사람의 四柱를 감정한 결과, 空亡이 드는 해와 달, 날에 결혼, 이사한 사람은 예외 없이 불행한 결과를 많이 보았다.

심지어 일본에서는 空亡을 天中殺이라고 표현하는데, 오래전에 일본에서 발간한 『天中殺』이라는 책을 읽고 큰 충격을 받았다.

그 내용 중에 너무나 놀라운 것은, 天中殺의 해와 달에 결혼한 사람들의 피해를 하나하나 실례를 들면서 경고하고 있었다.

그러나 空亡이 合을 하면, 해공(解空)이 되므로 피해가 없으며,

또 凶星이 空亡이 되면, 凶星이 변해서 오히려 吉星으로 변한다.

제3장

상생(相生)과 상극(相剋)

1. 상생원리(相生原理)

相生原理는 하도(河圖)의 五行相生圖에서 유래된 것인데, 河圖는 五行이 운동하는 법칙을 제시한 것으로 이것을 처음으로 연구한 것은 복희(伏羲)라고 한다. 복희는 河圖의 그림에서 方位와 相生에 대한 원리를 알아낸 것이다.

相生原理란 水生木, 木生火, 火生土, 土生金, 金生水의 相生관계를 말한다. 相生이란 서로 돕고 의지하는 有情한 관계이다.

즉 水는 木을 生하고, 木은 火를 생하며, 火는 土를 생하고 土는 金을 생하며, 金은 水를 생한다는 원리이다.

木은 東方의 氣에 의해서 발생하고,
火는 南方의 氣에 의해서 발생하며,
土는 중앙에서 氣를 생하고,
金은 西方의 氣에서 생하며,
水는 北方에서 생한다는 원리를 복희가 최초로 발견한 것이다.

그래서, 東方木, 南方火, 中央土, 西方金, 北方水라 표현한 것이다. 또한 복희는 春, 夏, 秋, 冬의 사계절이 木, 火, 土, 金, 水에서 생하는 것임을 이 河圖의 기상도(氣象圖)에서 발견한 것이다.

따라서 五行의 相生原理는 오직 계절의 변화원리로서 이해해야 한다. 봄(木)이 지나면 여름(火)이 오고, 여름이 지나면 가을(金)이 오며, 가을이 지나면 겨울(수)이 오고, 겨울이 지나가면 다시 봄(木)이 돌아온다는 계절의 변화원리를 터득한 것이다.

2. 상극원리(相剋原理)

相剋原理는 相生原理의 반대되는 개념이지만, 오히려 生을 더 견고(堅固)하고 단단하게 만드는 작용을 한다.

相生原理는 木生火, 火生土, 土生金, 金生水, 水生木의 順行법칙이지만, 相剋原理는 그와는 반대로 水剋火, 火剋金, 金剋木, 木剋土, 土剋水의 相剋법칙인데, 이것은 모순과 대립의 작용을 하는 無情한 관계이다. 따라서 相剋관계는 자연의 질서와 순리를 무시하고 충돌하며 대결하는 적대관계이지만, 만물을 生成하기 위한 노력이요, 필요한 과정이다.

이것을 좀 더 자세히 설명하면

木이 자기의 형태를 갖추려면 金의 剋을 받아야 하고,
火가 자기의 모습을 만들려면 水의 剋을 받아야 하며,
土가 자기의 모습을 만들려면 木의 剋을 받아야 한다.
金이 자기의 모습을 만들려면 火의 剋을 받아야 하며,
水가 자기의 형태를 갖추려면 土의 剋을 받아야 한다.

이와 같이 만물의 生成원리를 따져보면 相剋이 꼭 필요하고, 만물이 生成하는 데 없어서는 안 될 필요조건이다.

이것을 필요극(必要剋) 내지는 필요악(必要惡)이라 할 수 있다.

제4장

합(合), 충(沖), 형(刑)

1. 천간합(天干合)

합이란 陰과 陽의 관계로서 서로 和合하고 의지하며, 상부상조(相扶相助)하는 다정하고 有情한 관계를 말한다. 마치 男女관계와 같다. 따라서 天干合이란 陽干과 陰干이 서로 만나 다른 五行으로 변화하는 것을 말한다.

합는 正五行끼리 만나 다른 五行으로 변화한 五行이므로 化五行이라고도 한다. 또한 陽干이 여섯 번째 陰干을, 陰干이 여섯 번째 陽干을 만나서 합을 하므로 六合이라고도 표현한다. 예를 들면 陽干인 甲木이 여섯 번째의 陰干인 己土를 만나 土五行으로 변화하고, 陰干인 乙木은 여섯 번째의 庚金을 만나 金五行으로 변하며, 丙火는 여섯 번째의 辛金을 만나 水五行으로 변화하고, 丁火는 여섯 번째의 壬水를 만나 木五行으로 변하며, 戊土는 여섯 번째의 癸水를 만나 火五行으로 변화한다.

합은 반드시 陽과 陰, 陰과 陽이 만나서 결합하는 男女관계로서 다정하고, 서로 돕는 有情한 관계이다.

甲, 己 合 … 土

乙, 庚 合 … 金

丙, 辛 合 … 水

丁, 壬 合 … 木

戊, 癸 合 … 火

2. 천간충(天干冲)

합은 陰과 陽, 陽과 陰이 만나는 데 반해서, 冲은 陰과 陰, 陽과 陽이 만나는 관계로서 냉정하고 無情한 관계이다. 陰은 여자요, 陽은 남자이다. 여자와 여자, 남자와 남자가 서로 만나는 격으로 서로 경쟁하고 반목(反目)하며, 투쟁하는 無情한 관계이다.

天干이 일곱 번째의 天干을 만나면 서로 충돌하고 相剋하는 관계가 된다. 그래서 七冲이라고도 한다. 예를 들면 甲木과 庚金이 만나거나, 乙木이 辛金을 만나면, 남자와 남자, 여자와 여자끼리 만나므로 서로 충돌(冲突)하므로 七冲 또는 七殺이라고 한다.

甲庚冲, 乙辛冲, 丙壬冲, 丁癸冲, 戊甲冲, 己乙冲으로 陽干끼리, 또 陰干끼리 만나는 無情한 만남이다. 冲이란 글자 그대로 충돌하여 깨어진다는 뜻으로 殺중에서도 가장 흉한 살로 질병, 이별, 수술, 고독, 손재(損財), 총사(銃死), 관재구설(官災口舌) 등 불행이 따르는 흉살(凶殺)로 본다.

3. 지지합(地支合)

地支의 陰과 陽이 만나는 것을 地支合 또는 支合이라고 한다. 十二地支 중에서 子, 寅, 辰, 午, 申, 戌은 陽이고, 丑, 卯, 巳, 未, 酉, 亥는 陰이다.

합은 반드시 陽과 陰, 陰과 陽이 만나야 합이 되므로 다정하고 有情한 조화로운 관계이다. 즉 子와 丑이 만나 土가 되고, 寅과 亥가 만나 木이 되며, 卯와 戌이 만나 火가 되고, 辰과 酉가 만나 金이 되며, 巳와 申이 만나 水가 되고, 午와 未가 만나 火로 五行이 바뀐다.

天干合은 그 영향이 빨리 나타나고, 地支合은 그 합의 영향력이 늦게 나타난다. 地支合을 정리하면 다음과 같다.

子, 丑 合 … 土
寅, 亥 合 … 木
卯, 戌 合 … 火
辰, 酉 合 … 金
巳, 申 合 … 水

四柱를 간명(看命)할 때에는 반드시 합과 冲이 변화하는 五行을 신중하게 보아야 한다. 四柱 내에서 支合이 성립되어도 大運이나, 歲運에서 相冲이 되거나, 三刑이 되면 支合이 파괴되므로 支合이 성립되지 않는다는 것을 잊어서는 안 된다.

4. 지지충(地支冲)

十二支 중에 있는 地支가 일곱 번째 地支와 만나면 相冲이 된다. 地支冲은 여섯 개가 있으므로 六冲이라고 한다. 즉 子午冲, 丑未冲, 寅申冲, 卯酉冲, 辰戌冲, 巳亥冲을 相冲이라 한다. 地支에서 陰과 陰, 陽과 陽이 만나므로 여자와 여자, 남자와 남자가 만난 격으로 서로 대립하고 반목하며 無情한 관계이다.

地支冲은 天干冲보다 약 3배 이상 강한 것으로, 그 강도(强度)가 대단히 강하게 작용한다고 보아야 한다.

天干은 나무의 가지에 해당하나, 地支는 나무의 뿌리에 해당하므로 地支冲이 더 강하게 나타난다.

5. 삼형살(三刑殺)

三刑은 相冲보다 더 강력한 작용을 한다. 相冲은 두 개의 五行이 충돌하지만, 三刑은 세 개의 五行이 충돌하므로 그 영향력이 더 강하다.

寅·巳·申, 丑·戌·未 ··················· 三刑 (無恩之刑)

子·卯 ··································· 相刑 (持勢之刑)

辰·辰, 午·午, 酉·酉, 亥·亥 ········· 自刑 (無禮之刑)

寅·巳·申과 丑·戌·未는 寅·巳, 巳·申과 丑·戌, 戌·未등의 두 글자만 으로도 刑殺이 성립된다. 戌未 刑은 여기(餘氣)끼리 충돌이 되므로 그 충격이 약하고, 丑戌 刑은 中氣끼리 충돌하므로 戌未 刑보다 더 강력하다.

三刑殺은 남을 묶지 않으면 내가 묶이는 형상이므로 身强四柱일 때는 사법관, 변호사, 의사, 군인, 경찰 등의 직업에 종사하게 된다. 그러나 身弱四柱가 刑殺이 되면 뜻밖의 재난을 당하게 되는데 잔인하고 냉혹한 성격이며, 배신과 불화를 겪고, 관재구설, 시비가 따르며, 교통사고를 당하는 등 최악의 경우도 나타나며, 직업으로는 도살업(屠殺業) 즉 백정, 정육점 등에 종사한다.

丑·戌·未 三刑殺이 있으면 수술이 많고 몸에 흉터가 있으며, 歲運의 丑·戌·未 年에 반드시 소송, 관재구설, 수술 등을 조심하고 토지로 인한 송사(訟事)를 조심하여야 하며, 이동, 변동 등이 잦다.

제5장

격국(格局)과
용신론(用神論)

1. 격국론(格局論)

고전(古典) 명리학자들은 格局을 모르면 사주감정을 할 수 없다고 단정한다. 格局은 무려 518,400개나 된다. 격국을 터득하려면 적어도 3년 내지 10년을 공부해야 하며, 오랜 세월, 격국을 공부하고도 격국을 모르겠다고 하는 것이 현재의 명리학도들의 솔직한 고백이다. 이 땅에 格局을 제대로 파악하는 역학자를 찾아보기 어렵다.

격국은 내격(內格)과 외격(外格)으로 구별한다. 內格의 성격(成格)과 파격(破格)을 분간하는데도 서로 갑론을박(甲論乙駁)하고 있는 실정이다. 또한 종격(從格)과 화격(化格)을 구분하는데도 십인십색(十人十色)이다.

그들이 공감하는 것은 오직 신살(神殺)이다. 즉 삼재살이니 도화살, 원진살, 역마살, 백호대살 등 120여 개가 넘는 귀신 타령으로 겁을 주고 있는 것이 현실이다.

그러나 四柱는 오직 陰陽五行과 十干, 十二支로 구성된 학문으로서 음양오행의 진리와 기상학(氣象學)적인 이치를 모르고서는 도저히 달성할 수 없는 학문이다. 즉 자연계의 기상변화(氣象變化)에 따라 춘하추동의 사계절이 바뀌고, 한온조습(寒溫燥濕) 등이 나타나는 자연계의 변화현상을 이해해야만 터득할 수 있다. 이러한 원리를 무시하고는 단 일보(一步)라도 전진할 수 없는 학문이 바로 사주, 명리학이다.

命理學은 자연과학(自然科學)이요, 기상학(氣候學)이며 기(氣) 철학이다.

많은 역술인은 역도(易道)를 연구할 생각은 하지 않고 오로지 역술(易術)에만 치우쳐 우주의 변화현상과 생태계의 원리를 모르고 神殺에만 메 달려 사람들에게 공포감을 주고 있다.

命理學의 大家이신 도계(陶溪) 박재완(朴在玩)선생도 명리요강(命理要綱)에서 말하기를 "변격(變格)으로는 전왕격(專旺格)과 종격(從格), 화격(化格)이 쓸만하고, 그 외 다른 格은 무형(無形) 중에 유형(有形)하고, 有形중에 無形하니 실로 말하기 어렵다"고 하였다.

그러므로 하루 속히 격국(格局)과 신살(神殺)의 무거운 짐 덩어리를 벗어 던지고 자연계의 변화원리를 공부하는 것이 사주 공부하는 첩경(捷徑)이요 핵심이다.

2. 용신론(用神論)

고전(古典) 명리학자들은 격국과 용신 위주로 사주를 감정하기 때문에 수 십 년간 명리학을 공부하고도 올바른 판단을 할 수 없다. 예를 들면 日干이 왕(旺)하면 관성 (官星)을 용신으로 삼아 왕(旺)한 日干을 극제(剋制)해야 한다고 주장한다. 그러나 旺한 자를 힘으로 누르면 오히려 반발이 심하다.

소위 왕자충익발(旺者冲益撥)이라는 말이 있듯이, 旺한 자를 힘으로 누르면 더욱 폭발 하는 이치와 같다. 또한 用神에 너무 집착하면 할수록 사주 감정은 더욱 어려워진다.

현세(現世) 명리학계의 정상(頂上)에 있던 故, 제산(霽山) 박재현(朴宰顯) 선생(속칭 박도 사)도 用神에 대하여 말하기를

"用神은 절대적인 것이 아니고, 그렇다고 몰라서도 안 된다"고 하면서 用神에 너무 매달리면 다른 내용을 하나도 보지 못해 간명(看命)에 많은 지장을 초래한다고 하였다.

用神이라 해서 만사형통할 수 없다. 심지어 用神運에 실패하고 본인은 물론 남편과 아내가 죽는 수도 있다. 用神을 정확하게 안다고 해서 命理大家가 된다고 단언할 수 없다.

아래 예시(例示)한 사주는 2018년 무술년(戊戌年)에 심장마비로 사망하였다.

乾命(1962년 음5월 29일 午時생)

				62	52	42	32	22	12	2
庚	己	丙	壬	癸	壬	辛	庚	己	戊	丁
午	亥	午	寅	丑	子	亥	戌	酉	申	未

1) 己 日干이 5月의 염하절(炎夏節)에 태어나고, 사주 내에 3火가 있어 너무 조열 (燥熱)하므로 조후법상(調候法上)으로 누구나 年干의 壬水를 용신으로 삼을 것 이다.

2) 2018년, 57세, 戊戌年에 寅·午·戌 三合 火局을 이루어 火가 극열(極熱)하여 52세,

壬子 大運이 用神運인데도 불구하고, 子 大運을 만나 子午 相冲이 되고, 寅·午·戌 三合이 완성되어 왕화(旺火)를 子水가 冲剋하므로 사망하게 된 것이다.

제6장

체(體)와 용(用)

◆◆◆

四柱를 구성하는 年月日時의 干支는 천지운기(天地運氣)인 태양오행(太陽五行)이다. 운기(運氣)는 춘하추동의 계절을 형성하고, 계절의 변화에 따라 삼라만상(森羅萬象)을 창조하고 지배한다.

봄철에는 만물을 방생(發生)시키고, 여름철에는 만물을 성장(成長)시키며, 가을철에는 만물을 거두어(收斂)들이고, 겨울철에는 만물을 갈무리(貯藏)한다.

아무것도 없는 땅 위에 그 무엇인가 나타나고 발생하는 모습을 상징하는 문자가 木의 형상이다. 木은 한 일(一)자 위에 한 가닥이 뾰족하게 나타나고, 한 일자 아래(地下)에 세 가닥의 뿌리를 내리고 있는 형상과 같다.

그 한 일자는 지평선(地平線)을 의미한다. 그 지평선 위에 솟아나고 있는 형상과 과정을 木이라 한다. 나타나고 있는 것은 생명의 형체이며 물체이다. 다시 말하면 용력(湧力)이나 용출(湧出)하는 모습이다.

영어로는 "spring"인데 우리말도 봄을 뜻하고, 용심 줄(침대나 의자의 용수철), 샘물이 솟아오르는 표현으로서 木의 기능을 가장 잘 나타내고 있다. 木은 단순한 나무가 아니라 발생과 시작의 대명사이다. 木은 이제 막 새싹이 터서 자라나는 나무이고 생명이다. 그래서 木은 천진난만하고, 애정이 풍부하며, 어질고 부드럽다. 그래서 자신보다 강하거나 방해하는 것을 만나면 극복할 힘이 없어 그대로 순종한다.

日干이 木으로 태어 난 사람은 하나같이 어질고 순박하다. 그러나 같은 나무라도 강하게 태어 난 사람은 고난과 역경을 딛고 일어서는 의지가 강하다.

木은 甲木과 乙木으로 구분한다. 甲木은 거목(巨木)이고, 乙木은 花草나무에 비유된다. 甲木은 陽木이요, 乙木은 陰木이다.

木의 성격은 겉으로 보기에는 착해 보이나, 자존심이 강하고 매사 자기주장이 강하여 남에게 의지하기를 싫어한다.

東方은 木으로 통하는데 동방 木이라 한다. 동양에서 군주정치(君主政治)가 발달한 것도 木의 특성인 굴종과 순종하는 어진 백성이 있었기에 가능했다고 본다.

木은 東方을 뜻하는데, 서울의 동쪽에 위치한다고 해서 東大門이라 하지 않고, 木의 특성인 어질 "仁"이 들어간 홍인지문(興仁之門)이란 편액이 붙어 있다.

또한 火는 南方으로, 火의 특성은 예(禮)이므로 南大門을 숭례문(崇禮門)이라 하고, 土는 중앙에 위치하므로 중앙 土라 하는데 土의 특성은 믿을 신(信)이므로 서울의 중앙에 위치한 세종로에 있는 종각(鍾閣)을 보신각(普信閣)이라 칭한다.

그리고 金은 西方을 말하는데, 金의 특상은 의롭다는 의(義)로 표현하므로, 서울의 서쪽에 위치한 西大門을 돈의문(敦義門)이라고 부른다.

마지막으로 水는 지혜(智慧)를 상징하는데 현재 서울에는 北大門이란 것은 없다. 그 이유는 북쪽은 현무방(玄武方)이라 도둑이 밤에 쳐들어온다고 해서 無學大師가 왕에게 상주하여 설치하지 않았다고 전한다.

四柱상으로 절기(節氣)는 月令으로서 月支를 말한다.

月支는 사주 干支 중에서 가장 왕성한 운기를 간직한 君王이요, 주체(主體)로서 이를 체(體)라고 한다. 體는 절기의 주체이자 四柱의 주인공으로서 압도적인 운기(運氣)와 권능(權能)을 가지고 있다.

모든 만물은 절기(節氣)에 의해서 발생하고 성장하며 거두고 갈무리한다. 나무를 예로 들면 나무는 봄에 싹이 돋아나서 무럭무럭 자라나고, 여름에는 꽃을 피우기 위해 물이 필요하며, 가을에는 단풍이 들고, 겨울에는 잎이 떨어져 낙엽이 되고 앙상한 가지만 남게 된다.

절기상으로 寅·卯·辰 月은 봄(木)이요, 巳·午·未 月은 여름(火)이며, 申·酉·戌 月은 가을(金)이요, 亥·子·丑 月은 겨울(水)이다.

體와 用은 한 쌍의 부부관계로서 陰과 陽의 관계이다. 木과 火는 陽이요, 金과 水는 陰이다.

사상체질(四象體質)상으로 木은 少陽이요, 金은 少陰이다. 火는 太陽이요, 水는 太陰에 해당한다. 즉 木은 少年이요, 金은 少女의 관계이다. 반대로 火는 成男이요, 水는 成女이다. 少年과 少女간에 연애하여 成男과 成女가 되면 결혼하는 관계와 비유된다.

體는 남자로서 주체(主體)가 되고 왕성한 능력자이므로 약한 여성을 보호할 의무와 책임을 진다.

봄철에는 木이 왕성한 계절이므로 体가 되고, 반대로 金은 봄철에는 약한 계절이
므로 用이 되는 데 반해서, 가을철에는 金의 계절이므로 金이 体가 되고, 약한 木이
用이 된다. 여름철에는 火가 体가 되고, 水가 用이 된다. 반대로 겨울철에는 水가 体
가 되고 火가 用이 된다. 体는 强한 것을 말하고, 用은 쇠약한 것이다.

운기(運氣)는 春, 夏, 秋, 冬, 계절 따라 旺하고 衰한다. 봄에는 木이 旺하고, 여름에
는 火가 旺하며, 가을에는 金이 旺하고, 겨울에는 水가 旺하다. 旺한 것은 건전(健全)
하나 弱한 것은 허(虛)하고 병이 된다, 旺한 것은 体가 되고, 弱한 것은 用이 된다.

오장육부(五臟六腑)상으로 木은 간(肝)이요, 金은 폐(肺)이다. 그래서 봄에 태어난 사
람은 누구나 肝은 튼튼한데 기관지, 호흡기, 폐, 대장이 허약하다.

이것은 태어나면서부터 부여 받은 타고난 체질이다.

火는 오장육부상으로 심장(心臟)이요, 水는 신장(腎臟)을 말한다. 그래서 여름에 태
어난 사람은 대개 심장은 튼튼한데, 신장 (콩팥)이 약하다. 신장이 약하면 자주 피곤
을 느끼고, 허리가 아프며 여자는 냉증, 대하증, 월경불순, 생식기가 약하고, 子宮이
약하다.

金은 폐장(肺臟), 대장(大腸)으로 기관지, 호흡기, 폐, 대장은 비교적 튼튼한데 木인
간(肝), 담(膽), 신경통이 허(虛)하고 弱하다.

水는 신장, 생식기, 비뇨기, 방광 등은 튼튼한데 심장, 혈압, 당뇨, 시력이 약한 편
이다. 이와 같이 춘하추동을 비롯한 대자연과 만물은 하나같이 절기(節氣)의 조화(造
化)에 따라 변화한다.

(强) (弱)

寅·卯·辰 月生 (木体) ………… 金 用

巳·午·未 月生 (火体) ………… 水 用

申·酉·戌 月生 (金体) ………… 木 用

亥·子·丑 月生 (水体) ………… 火 用

제7장

일주 희기론
(日主 喜忌論)

1. 갑목 일간(甲木 日干)

1) 甲日 寅月生

甲木이 寅月에는 만물이 발생하는 봄철이지만, 立春절에는 아직 한기(寒氣)가 남아 있으므로 따뜻한 丙火(태양)가 나타나 따뜻하게 보온(保溫)함이 吉하고, 戊土는 나무의 뿌리를 튼튼하게 내리게 하므로 귀격(貴格)이며, 水가 너무 많으면 뿌리가 냉하여 싹이 트지 않고 썩는다.

그러나 우수(雨水)후에는 木의 정기(精氣)가 強旺하니 사주 내에 丙火가 있으면 목화통명격(木火通明格)으로 부귀하고, 만약 金이 있으면 재목을 만들므로 역시 귀격(貴格)이며, 戊土가 있으면 나무가 뿌리를 내리게 되니 득재(得財)하는 희신이 되지만, 土가 많으면 木이 파묻히므로 발전이 안 된다. 사주 내에 土가 많으면 반드시 木으로 소토(疎土)해야 吉하다.

2) 甲日 卯月生

卯月의 甲木은 木氣가 왕성하고 月建이 양인(羊刃)이라 더욱 旺하다. 丙火는 木火通明이니 부귀격(富貴格)이나, 火가 많으면 木이 타버리므로 不吉하다. 이때는 水로서 조후(調候)시키는 것이 좋다.

庚金이 天干에 나타나면 乙庚 干合 즉 양인합살격(羊刃合殺格)이 되어 권력자가 된다. 庚金은 없고 丙火만 있어도 木火 通明格으로 吉하다.

3) 甲日 辰月生

辰月의 甲木은 봄철이지만, 土旺節이라 청명초(淸明初)에는 木氣가 아직 남아 있고

寒氣가 있으므로 火로서 따뜻하게 보온(保溫)해야 청기(淸氣)가 있는 귀격이다. 火가 많고 水가 없으면 春木이 건조하여 꽃잎이 말라버린다. 곡우(穀雨) 후에는 庚金이 있으면 丁火로서 단련해야 吉하다.

庚金은 있는데 丁火가 없으면 壬水로서 金生水하면 살인상생격(殺印相生格)이 되어 약한 나무를 배양하므로 귀격이다.

辰月의 甲木은 土에 의지하나, 土가 많으면 甲木과 壬水가 희신이 된다. 甲木으로 흙을 파내고(疎土) 壬水가 甲木을 생해주기 때문이다.

4) 甲日 巳月生

巳月의 甲木은 태양의 열기가 점차로 오르는 때이니 水가 필요하고, 水가 없으면 가지와 잎이 마른다.

巳, 午월 여름철에는 반드시 水氣가 있어야 조후(調候)가 된다. 사주가 윤습(潤濕)하고 庚金이 있으면 丁火로서 金을 단련하고, 水氣를 제거해야 귀명이다.

사주 내에 土가 많으면 반드시 水, 木이 희신이 된다.

5) 甲日 午月生

午月의 甲木은 하열(夏熱)이 심하여 꽃잎은 무성하나 결실은 없으니 허영일 뿐, 江山이 메말라 癸水로 해열(解熱)하여야 한다. 癸水가 없으면 壬水도 吉하고, 지장간에 金氣가 암장하면 부귀명이다.

木이 많으면 금을 쓰고, 庚金이 많으면 丁火를 쓴다. 命中에 金水는 없고, 大運에도 金, 水 運을 만나지 못하면 下格이다.

日支에 辰이 있으면 吉하고, 丑은 癸水가 나타나므로 귀격이 된다.

辰, 丑은 습토(濕土)이고, 戌, 未는 조토(燥土)이다.

6) 甲日 未月生

甲木은 未月, 소서절(小暑節)에 山林이 조열하므로 癸水(雨水)를 좋아하고, 대서(大暑) 후에는 土가 旺하니 水木을 같이 쓰고 木이 旺하면 金氣를 좋아한다.

사주 내에 火多하면 金水를 병용(竝用)한다. 대서(大暑) 말에는 金水가 太旺하면 木根이 부패하니 丙火로써 金氣를 억제하고 습토(濕土)를 쓰면 吉하다.

7) 甲日 申月生

申月(立秋)에는 나무가 낙엽이 드는 계절이므로 고목(枯木)의 가지를 잘라 내야 한다. 天干에 丙, 丁 火가 있고, 地支에 水氣가 있으면 地氣가 윤습(潤濕)하고 天氣가 온화(溫和)하니 木氣가 再生하니 부귀 격이다.

天干에 庚金이 있고, 丁火가 있으면 귀격이요, 金多한데 丁火가 없으면 殺印相生하여 귀격이나, 국세(局勢)가 청랭(淸冷)하므로 재물 복은 없다.

戊己 土는 최악의 忌神이라 丁火 喜神을 쓰는 경우에는 戊己 土가 火氣를 설기시키므로 불길하다.

8) 甲日 酉月生

酉月의 甲木은 金氣가 왕성한 계절이니 金剋木으로 木氣가 쇠약하다.
强金을 극제(剋制)하는 丁火가 最吉이며 丙火는 次吉이다.
丙火(태양)는 조후하고, 丁火는 金을 剋制한다.
만일 庚金이 하나이고 丁火도 하나이면 부귀격이요, 癸水가 투간(透干)하면 不吉하다.

9) 甲日 戌月生

戌月의 甲木은 단풍이 드는 늦은 가을이라 木氣가 무력한 때다. 음기(陰氣)가 가중되니 火氣로 조후(調候)하여야 하고 水氣를 싫어한다.

秋木은 지엽(枝葉)이 고갈하고 기맥이 떨어지니 火로써 보온하고, 조토(燥土)로 보호해야 한다.

土多하면 木으로 소토(疎土)해야 길하고, 癸水는 귀한 희신이다. 木이 旺하면 庚金을 쓰는 경우 丁火가 희신이다.

木이 많은데 庚金이 없으면 가난하고, 金氣가 지장간에 숨어 있으면 小格이다.

天干에 壬, 癸가 있으면 일생이 편안하다. 또한 金水가 많으면 寒氣가 심하여 木氣가 상하므로 싫어한다.

10) 甲日 亥月生

冬節의 초기라 한습(寒濕)한 때이니 낙엽이 떨어지고 가지가 약하므로 火로서 조후함이 시급하며, 戊土로서 습기를 제거하면 길하다.

木이 旺한데 庚金이 있으면 丁火로서 庚金을 단련해야 귀명(貴命)이 된다.

己土는 陰干으로서 氣가 약하니 투간(透干)해도 地支에 巳, 午, 未, 戌 등이 있어야 온난하여 中吉이다.

寅, 午, 戌 三合에 丙火(태양)가 있으면 해동(解凍)하므로 吉命이다.

11) 甲日 子月生

子月의 甲木은 동지(冬至)전에는 天地가 寒冷하고 동결된 시기라 丙火로서 조후함이 급하며, 戊土로 제습(除濕)해야 吉命이다.

天干에 丙戌가 없고, 地支에 巳, 午, 未, 戌 등이 있으면 中吉이다.

水多한데 火土가 없으면 平人에 불과하다.

冬至 후에는 一陽이 始生하므로, 木, 火, 土가 盛하면 富貴格이다.

天干에 庚金이 있고 丁火가 있으면 벽갑인정(劈甲引丁)이라 하여 大富貴命이다.

12) 甲日 丑月生

子月은 天地가 陰氣로 되어 寒氣가 극심하나, 丑月에는 二陽으로 향하니 木根이 살아나는 시기이다.

木氣가 살아나니 庚金이 있고 丁火가 있으면 富貴格이다. 丁火는 있는데 庚金이 없으면 富格이 못 되고, 庚은 있는데 丁이 없으면 부귀는 못 한다.

土가 旺하면 木으로 소토해야 吉하다. 火, 土가 吉한 이유는 土가 水를 制하고, 火는 生土하며, 木은 따뜻하게 발육(發育)시키기 때문이다.

2. 을목 일간(乙木 日干)

1) 乙日 寅月生

初春에 寒氣가 극심하니 丙火가 있어야 발아(發芽)하므로 貴命이 된다. 지장간에 癸水(雨水)가 있으면 뿌리를 내리게 하므로 吉하다.

壬水(江水)는 不吉하다. 이유는 壬水는 丙火를 剋傷하므로 불길하다.

乙木은 花草나무라 온화(溫和)함을 기뻐하는데, 만일 水가 너무 많으면 木이 부목(浮木)이 되니, 土가 있어야 水를 막을 수 있다.

2) 乙日 卯月生

卯月의 乙木은 陽氣가 점점 오를 때 이니 木氣가 旺하다. 丙火는 旺木을 설기하니, 木, 火 通明하여 총명하고 貴命이다.

癸水로 乙木을 윤근(潤根)하므로 더욱 좋고, 壬水는 丙火를 상하게 하니 不吉하다.

火는 없고 水가 있으며, 天干에 庚金이 透干하면 木이 旺하고 金이 쇠하니 재앙이 생긴다. 이때는 辰, 丑 濕土가 있으면 木根을 자윤(滋潤)케 하니 吉하다. 火가 있으면 貴格이다.

春木은 지란(芝蘭)과 같으니 火, 土, 水가 吉神이다.

3) 乙日 辰月生

辰月, 淸明節은 丙火가 時急하고 癸水가 다음으로 좋다. 申·子·辰 水局이면 木이 습하니 戊土로 제습(除濕)해야 길하다.

곡우(穀雨) 후에는 癸, 丙이 필요하다.

丙火를 쓰는데 酉金, 庚金이 있으면 相剋이 되어 不吉하다. 그러나 甲, 丁이 있으면 吉하다.

4) 乙日 巳月生

巳月에는 丙火가 득세(得勢)하니 癸水로 조후해야 乙木이 윤근(潤根)하고, 庚金이 癸水를 生助해야 좋다.

天干에 丙, 戊가 많고 地支에 寅·午·戌 火局을 이루면 乙木이 쇠약하니 불리하다. 이때는 화세(火勢)를 制剋하는 壬水가 가장 좋다.

癸水는 없고, 辛金만 있으면 단명(短命) 팔자이다. 이유는 乙木을 傷하게 하는 까닭이다. 辛金은 칼이나 낫으로 보는데, 乙木은 花草나무이므로 庚金(도끼)보다 낫을 더 겁을 낸다.

5) 乙日 午月生

午月은 天地가 건조하여 염열(炎熱)한 시기이니 하지절(夏至節)에 생하면 癸水가 용신이며, 夏至 후는 戊, 己 土로서 水氣를 제복(制服)하니 불길하나, 木이 소토(疎土)하고 金이 生水하면 戊, 己 土인 財星이 활발하게 행동한다.

夏節의 乙木은 가색격(稼穡格)과 같으니 干支에 壬, 癸水가 복신(福神)이다. 이것은 여름철에는 壬, 癸水가 있어야 조후가 되기 때문이다.

6) 乙日 未月生

未月 염천(炎天)에 木은 건조(乾燥)하고, 土는 염열(炎熱)하므로 水氣로 윤습(潤濕)하게 하고 木根을 자양(慈養)케 하는데, 水氣를 剋하는 土를 꺼린다.

대서(大暑) 末에는 火氣가 점차로 물러가는 때이니 金水가 많으면 三伏에 生寒으로 木根이 피곤하니 오히려 金水가 病이 된다.

7) 乙日 申月生

申月, 庚金은 得令하여 木氣가 심히 약한 계절이다. 丙火로 旺金을 제거함이 시급하고, 癸水는 中吉이다.

己, 丑, 未로 陰木을 배양해야 길하다. 干支에 丑, 未, 己가 없고 天干에 癸水가 있으면 中格이다.

木이 旺하면 庚金이 용신이요, 木이 약하면 癸水가 용신이다.

그러나 癸水가 지장간에 있고 丙, 己가 天干에 없으면 平人이다.

木이 많으면 庚, 丁을 써야 하고 반대로 木이 약하면 癸水를 써야 한다.

8) 乙日 酉月生

酉月은 金氣가 太旺하다. 乙木은 단계(丹桂=花草)와 같다.

白露節은 계화(桂花)가 아직 미숙하니 癸水를 써야 한다. 秋分節은 桂花가 만발하니 丙火를 써야 한다.

지장간에 癸水가 있으면 좋은데, 癸水가 없으면, 壬水도 쓸 수 있다. 만일 巳, 酉, 丑 金局을 이루면 丙, 丁이 天干에 透干하면 최길(最吉)이다.

9) 乙日 戌月生

戌月의 乙木은 戊土가 사령(司令)이라 木根이 약하고 지엽(枝葉)은 쇠하는 계절이다.

癸水(雨水)가 있으면 木이 윤습(潤濕)한데 辛金이 있어도 金 生 水하므로 귀격이다.

甲이나 寅이 있으면 乙木은 등라계갑(藤蘿繫甲)이라 의지가 되므로 金剋을 겁내지 않으며, 水多해도 부목(浮木)이 될 염려가 없다.

10) 乙日 亥月生

亥月 乙木은 동한(冬寒)이 극심하니 丙火가 최고의 길신이다. 해동(解凍)하고 회춘(回春)하기 때문이다.

戊土는 조토(燥土)로서 제습(除濕)해 주므로 길신이다.

丙火는 있는데 戊土가 없으면 中格이다. 壬·癸 水는 아주 싫어하고 丙, 戊가 지장간에 암장(暗藏)하면 小格이다. 寒木은 癸水를 꺼리는데 丙火를 극상하기 때문이다.

11) 乙日 子月生

子月의 乙木은 子月에 一陽이 始生하니 丙火가 있으면 귀격이다.
戊土는 제습(除濕)하는 공이 크다.
丙火가 있고 戊土가 없으면 中格이다.
壬·癸 水를 大忌하고 丙, 戊가 지장간에 암장하면 小格이다.

12) 乙日 丑月生

丑月 乙木은 丙火를 大喜하고 癸水는 大忌한다.
丙火가 암장되면 의식주(衣食住)가 풍족하다.
土多하면 比劫이 희신인데, 소토(疎土)하기 때문이다. 소토란 흙을 파내는 것을 말한다.

3. 병화 일간(丙火 日干)

1) 丙日 寅月生

寅月, 初春의 丙火는 아직 寒氣가 남아 있어 天干에 甲木이 透干하면 大吉하다. 木火가 많으면 水를 원한다.

庚, 壬이 天干에 투출(透出)하면 金, 水, 土, 木이 相生을 하여 高貴한 격이다. 이유는 寅 중에 甲, 戊, 丙이 암장하였기 때문이다.

雨水節에 金은 많고, 木火가 약하면 酒色과 방탕이 걱정된다. 또한 壬水가 많으면 春寒에 丙火를 剋하여 不吉하므로 이때에는 戊土가 있으면 發福한다.

2) 丙日 卯月生

卯月에는 丙火 태양이 점점 열기가 오르는 때라 木多하면 불안하다.
壬水로 殺印相生하면 貴格이다. 이유는 수화기제(水火旣濟)하기 때문이다.
水가 많으면 戊土가 제방(堤防)역할을 하므로 약신(藥神)이다.
庚, 壬이 없고 己土가 通根하면 旺한 火를 설기하여 衣食이 풍족하다.
木이 많으면 金土가 길하고, 比劫(丙丁)이 있어도 害가 되지 않는다.

3) 丙日 辰月生

辰月의 丙火(태양)는 陽氣가 많아 木火를 필요로 하지 않는다. 五陽이 進氣하니 壬水를 써야 한다.
甲木이 투출하면 上格이다. 土多하면 丙火가 火生土하여 빛을 잃으니 이것을 회광(晦光)이라 한다.
甲木이 生火하고 土를 제압하면 吉하다.
壬水는 있는데 甲木이 없고, 甲木은 있는데 壬水가 없으면 中格이요,
壬, 甲이 全無하면 천격(賤格)이다.
木火가 많으면 壬, 癸水가 大吉하고 庚, 辛을 싫어한다. 이유는 印綬를 파괴하기 때문이다. 乙, 丁이 혼잡하면 平人에 불과하다.

4) 丙日 巳月生

巳月의 태양은 火勢가 强旺하니 身旺하다. 그래서 壬, 庚이 天干에 透干하면 上格이다.

壬水를 剋하는 戊土를 大忌한다. 土多하면 火가 회광하니 不吉하다.

壬, 癸가 적당하면 수화기제(水火旣濟)하므로 吉神이다.

身旺하고 水가 약하면 財星인 庚, 辛이 吉하다.

壬水가 없으면 癸水도 쓸 수 있는데 庚金이 水氣를 生助하면 아주 좋다.

5) 丙日 午月生

午月은 중하절(仲夏節)이라 火勢가 극왕(極旺)한 때에 羊刃이 된다.

壬, 庚이 모두 있어 制火하면 고귀한 사주이다.

庚은 없고 戊土만 있으면 발전이 없다. 이유는 壬水를 剋하기 때문이다.

地支에 申金이 있고 金水가 암장하면 아주 좋다.

6) 丙日 未月生

未月의 土는 만물을 소생시키는 주역(主役)이다. 壬, 庚이 꼭 필요하다. 未土 傷官格이면 己土가 癸水를 剋하므로 불길하다.

午月의 丙火와 未月의 丙火는 계절이 대개 같으며 壬, 庚이 조후법상으로 긴요(緊要)하다.

7) 丙日 申月生

申月은 火勢는 점점 쇠약해지는 계절이니, 壬水가 天干에 透干했으면 貴格이다. 身旺하고 殺이 旺해야 권력 高官이다.

戊土(火)가 너무 많으면 水를 剋하고 火를 설기(泄氣)하므로 不吉하다. 壬水가 透干하고 木의 印星이 있으면 호수에 빛을 비춰 줌으로 화려하다.

8) 丙日 酉月生

酉月은 仲秋節이라 시원하고 청량(淸凉)한 때라 水가 進氣하기 때문에 水多하면 불길하다. 丙火가 통근하고 壬水가 있으면 귀한 격이다.

癸水도 代用하나 地支에 木이 필요하다. 木을 만나면 火가 빛나지만 木火가 많으면 불길하다.

9) 丙日 戌月生

戌月은 戊土가 旺하므로 火氣가 설기되므로 약한 때이다. 그리고 土多하면 甲木이 투간(透干)해야 귀격이다.

壬水가 있으면 吉하고 癸水는 조후가 되므로 吉하다. 그러므로 壬, 癸가 암장하면 中格이다.

10) 丙日 亥月生

亥月은 水가 旺하니 水가 많으면 戊土로서 제한(制寒)하고, 甲이 生火하면 淸貴하다.

亥 중에 甲木과 印綬가 相生을 하여 吉神이다.

水가 많으면 戊土가 제방(堤防)하므로 공이 크다. 土多하면 木으로 疎土하여야 吉하고 木多하면 庚金으로 制木이 필요하다.

11) 丙日 子月生

子月 冬至前에는 亥月과 마찬가지로 水가 旺하나, 冬至後는 一陽이 始生하니 壬水가 透干하면 貴格이다.

戊土가 제습(除濕)면 역시 吉하다. 그러나 土多하면 木으로 疎土해야 吉하다. 己土가 있으면 地支에 燥土인 戌未가 도와야 吉하다.

子月의 火는 寅, 巳가 貴格이다. 대개 겨울의 火는 地支에 寅, 巳등이 있으면 貴命이니 약한 火를 生助하므로 吉神이다.

土가 旺하고 木이 없으면 발전할 수 없다.

12) 丙日 丑月生

12月은 二陽이 進氣하여 溫氣가 있으니 壬水를 쓰면 좋으나 甲木의 生助가 희신이다. 土가 旺하면 甲木이 희신이다. 土가 旺하고 木이 없으면 발신(發身)이 어렵다.

4. 丁火 日干

1) 丁日 寅月生

寅月의 丁火(촛불, 燈火)가 庚金이 있으면 甲木이 生火하면 길하다.

이것을 벽갑인정(劈甲引丁)이라 한다.

甲木이 透干하고 庚壬이 없으면 下格이다.

雨水後에는 壬, 庚이 있으면 귀격이다.

地支에 火多한데 天干에 庚, 壬이 없으면 下格이다.

2) 丁日 卯月生

卯月의 丁火가 庚金이 있으면 貴格이며, 水木이 있으면 길하다.

水多하면 습목(濕木)이 生火를 못하니 불길하다.

木이 왕하고 金이 없으면 下格이다. 또 水가 없고 土, 金이 있으면 길조(吉兆)이다.

3) 丁日 辰月生

辰月은 火氣를 설기하니 甲木이 희신이다.

木이 왕 하면 庚이 희신이 된다.

水旺하면 土가 制水해야 길하다.

甲木과 印綬가 있으면 上格이다.

4) 丁日 巳月生

巳月의 丁火는 火勢가 극심한데, 甲, 乙이 많으면 庚金이 木을 제거해야 길하다.

水가 많으면 甲木이 희신이다.

癸水가 있으면 土가 있어야 藥神이다.

5) 丁日 午月生

午月은 火勢가 극심한 때라 丁火가 강열하다.

庚, 壬이 있으면 귀격이다.

壬, 癸가 혼잡하면 木으로 水를 통관하여 生身하면 길하다.

金이 있고 時上에 癸水가 있으면 貴格이다.

6) 丁日 未月生

未月, 여름철의 火는 水가 있어야 귀격이다.

巳·午·未 方局이 되어 염상격(炎上格)이 되면 오히려 水를 싫어한다. 炎上格은 水氣가 없고 木火가 大勢를 이루면 成局이 된다.

庚, 壬이 있으면 大吉하다.

水旺하면 木이 있어야 吉한데, 壬水보다 癸水가 있으면 大吉하다.

7) 丁日 申月生

申月은 金이 旺한 계절이라 丁火는 쇠약하다.

甲, 庚이 있으면 吉한 사주이다. 乙만 있으면 재능은 있으나 中格이다.

甲, 乙이 全無하면 발달할 수 없다.

水가 旺하면 戊土가 희신이나 木火의 도움이 있어야 吉하다.

8) 丁日 酉月生

酉月의 丁火는 甲木이 희신이며, 甲木이 없으면 乙木도 쓸 수 있다. 그러나 乙木은 마른 풀에 등잔불을 붙이는 것과 같으니 弱하다. 이것을 고초인등격(枯草引燈格)이라 한다.

甲, 乙, 庚이 없고 水土가 旺하면 丙火가 희신이 된다.

9) 丁日 戌月生

戌月에는 土가 왕하니 天干에 甲木이 透干하면 청귀(淸貴)한데 庚이 같이 있으면 富貴格이다.

土多하고 木이 없으면 傷官格이라 水는 꺼린다.

甲, 乙이 많고 庚이 없으면 木은 무용지물이다. 대체로 丁火는 木이 있어야 등화(燈火)가 어두운 밤에 빛이 난다.

10) 丁日 亥月生

亥月은 寒氣와 水氣가 들어오는 初冬이라 水土가 혼잡하면 불길하며, 甲木은 희신이다.

水多하면 丙, 戊가 희신이 된다.

天干에 甲과 庚이 나란히 天干에 나타나면 더욱 길하다.

11) 丁日 子月生

子月의 丁火는 甲木이 최고 길신이며 庚金이 길신이나 甲木이 없으면 무용지물이다.

水旺하면 丙戊丁己가 희신이다.

乙木도 쓸 수 있으나 辛金이 있어야 발전한다.

12) 丁日 丑月生

丑月은 二陽이 나타나지만 아직 寒氣가 심한 계절이라 甲木이 최길(最吉)이다.

丙火가 太旺하면 오히려 不吉한데 이유는 丁火를 無色케 하기 때문이다. 그러나 丁火가 극히 弱하면 丙火도 쓸 수 있다.

金水가 왕성한데 甲木이 有根하면 印星이 희신이다.

5. 戊土 日干

1) 戊日 寅月生

正(寅)月의 戊土는 아직 寒氣가 남아 있으니 生氣가 부족하다. 丙火로 온난(溫暖)케 하고 甲木으로 도우면 귀격이다.

丙, 甲이 제일 좋은 吉神이라 丙, 甲이 있고, 癸水가 없으면 조토(燥土)라 불리하다.

寅·午·戌 火局에 癸水가 없으면 스님 팔자로 고독한 사주이다.

丙火는 偏印이라 殺印相生하고 土를 온난케 하므로 희신이다.

水多하면 偏官이 旺하여 日干을 剋하니 火가 희신이다.

2) 戊日 卯月生

卯月은 寅月과 같으니 火가 희신이다. 이유는 寅月은 寒氣가 아직 남아 있기 때문이다.

戊午 日柱에 官殺이 旺하면 午중에 己土인 羊刃을 쓴다. 子午冲이 오면 재난이 따른다.

水, 木이 많으면 火, 土를 희신으로 삼는다.

3) 戊日 辰月生

辰月은 土旺節이라 甲木이 희신이다. 이유는 甲木이 소토(疎土)하기 때문이다. 天干에 甲癸丙이 있으면 귀격이다.

甲, 癸가 있고, 無丙이면 재물이 부족이요, 甲, 丙이 있고 無癸면 재물은 있는데 이름을 얻지 못한다.

4) 戊日 巳月生

巳月의 戊土는 不寒不熱하니 地支에 水가 암장하고 甲丙이 있으면 귀격이다. 土旺身旺하면 金水가 희신이 된다.

甲木이 희신인데 金水가 많으면 丙火를 쓴다. 그러나 火多하면 壬癸가 희신이 된다.

癸甲이 지장간에 암장하면 衣食이 풍족하다.

5) 戊日 午月生

午月은 火旺하니 戊土의 羊刃이다. 너무 조열(燥熱)하므로 壬癸를 희신으로 삼는다. 이유는 조후(調候)가 급하기 때문이다.

壬甲이 있고, 辛이 있으면 최고의 희신이다. 金, 水, 木은 길하다. 火, 土가 많고 水가 없으면 위장병과 안질이다.

金, 水가 太旺하면 火가 필요하다. 이유는 火가 있어야 초목이 자라기 때문이다.

6) 戊日 未月生

未月은 燥熱하고 土가 극히 旺하니 水가 時急하다. 土多하면 木이 소토함이 급하며 조후에는 癸水가 공이 크다.

壬水도 쓸 수 있다. 水, 木이 太旺하면 丙火가 化殺生身함이 필요하다.

土旺하면 土를 설기하는 金도 희신이 된다.

7) 戊日 申月生

申月은 金이 旺하고 土弱한데 立秋節 중에는 癸水가 희신이고, 처서(處暑)후에는 寒氣가 점진(漸進)하니 丙火가 희신이다.

癸水가 吉하나 甲이 있으면 더욱 길하다. 癸甲이 있고, 丙이 없으면 中格이요, 또한 丙甲이 있으면 中格이다.

甲, 丙, 癸가 모두 있으면 최고 貴格이다.

8) 戊日 酉月生

酉月은 熱氣가 하강(下降)하여 숙살지기(肅殺之氣)로 변한다. 甲木이 吉神인데 癸丙이 있으면 上格이다.

甲木은 있고, 癸水가 없거나, 또는 甲木은 있는데 丙火가 없으면 애는 쓰나 공이 없다. 丙, 癸가 天干에 나란히 있으면 衣食이 풍족하다.

또 壬癸가 많으면 丙丁이 필요하다.

9) 戊日 戌月生

戌月은 天地가 寒氣로 가득하여 土가 쇠약하다. 甲木이 희신이다. 이유는 甲木이 소토해야 하기 때문이다.

癸水가 있으면 더욱 길하다. 이유는 潤土하고 木을 생하기 때문이다. 丙火는 추량지토(秋涼之土)를 갱생(更生)케 하니 길하다.

火土가 太旺하면 甲, 癸를 大喜한다. 甲癸가 있고, 丙, 癸가 없으면 인격은 훌륭하나 가정은 빈한(貧寒)하다.

10) 戊日 亥月生

亥月에는 寒氣가 많아 土가 弱하니 火가 시급하다.

甲, 丙이 모두 있으면 富貴格이다.

庚金이 甲木을 剋傷하면 불길하나 丁火가 있으면 福人이다. 이유는 庚은 丁으로서 단련하기 때문이다.

壬癸가 많고 甲丙이 없으면 下格이다. 甲丙이 지장간에 암장하면 의식주는 족하다.

11) 戊日 子月生

子月은 寒氣가 극심하니 丙火로서 調候함이 급선무이다.

丙, 甲이 희신이다. 丙은 있는데 甲이 없으면 貴가 부족하다. 반대로 甲은 있는데 丙이 없으면 富가 부족하다.

甲丙이 天干에 있으면 衣食이 족하고 甲丙이 없으면 下格이다. 火, 土가 吉하고 金, 水, 木은 不吉하다.

12) 戊日 丑月生

丑月은 天寒地凍한 계절이다. 小寒後에는 丙火가 있으면 貴命이다. 이유는 溫氣가 회복될 수 없는 때이기 때문이다.

甲木으로 소토(疎土)하면 부귀겸전(富貴兼全)이다.

甲은 있고, 丙이 없거나 丙은 있는데 甲이 없으면 中格이다. 甲, 丙이 없으면 下格이다. 三冬의 寒土라 丙丁을 大喜한다.

6. 己土 日干

1) 己日 寅月生

寅月은 春寒이 아직 남아 있으니 丙火가 희신이다.

甲木도 희신이나 甲己合去하면 不吉하다.

壬水는 기신인데 戊土가 있으면 害가 없다.

木이 旺하면 庚金으로 制木하므로 길신이다. 木多하면 丙火로 설기하여 生土함이 길신이다. 丁火는 燈火로서 약하니 有根해야 쓸 수 있다.

2) 己日 卯月生

卯月은 寒氣가 아직 남아 있으니 火가 희신이다.

甲木이 있으면 귀격이나 甲己 合去는 불길하다.

火, 土가 많으면 癸水가 필요하다.

水, 火가 적절하게 있으면 吉하고, 丙火가 제일 좋은 희신이다.

3) 己日 辰月生

辰月생 己土는 丙이 있고 癸가 있으면 溫暖하고 潤濕하여 安樂貴命이다. 甲木도 투출하면 貴命이다.

丙, 癸가 있고 甲木이 없으면 小格이요, 丙, 甲, 癸중에 하나만 있으면 천격(賤格)은 면한다.

4) 己日 巳月生

巳月은 立夏節이나 초여름이라 아직 건조(乾燥)한 때이다. 따라서 癸水가 藥神이다.

다음으로 丙火가 희신인데, 夏土라도 태양이 있어야 만물이 성장하기 때문이다.
庚·辛 金은 癸水(水源)를 생해야 대길하다.

金, 水가 부족하면 燥土가 되어 신장병, 폐질환이 있기 쉽다.

5) 己日 午月生

午月의 土가 燥熱하여 癸水가 時急하다. 壬水는 그 다음이다.

金이 수원(水源)을 생해 주어야 길하다. 木과 丙火가 필요하다.

夏土에 木이 없으면 土養이 無用이다. 夏土에 丙火 태양이 없으면 만물이 생장할 수 없다.

6) 己日 未月生

未月의 土는 旺하니 木으로 소토해야 길하다. 小暑중에는 壬癸가 희신인데 癸水가 더욱 좋다.

丙火는 藥神이다. 대서(大暑) 말엔 金水가 많으면 丙火가 희신이다. 溫暖해 주기 때문이다.

申月에 가까워 삼복생한(三伏生寒)하니 大暑후에 金水가 많으면 地上에 서리가 내린다. 고로 丙火의 溫暖이 필요하다.

7) 己日 申月生

申月의 가을철에 寒金이 司令할 때이니 丙火가 희신이다.

木이 火를 生助하면 더욱 좋다. 癸丙이 있으면 福人이다.

8) 己日 酉月生

酉月은 金旺에 土는 설기가 심하니 丙火가 희신이다.

丙火가 있어야 金을 制하고, 土를 구하는 藥神이 된다.

旺金을 설기하는 癸水가 火土의 사이를 조후시키므로 길하다. 또한 癸水는 木이 있어야 빛이 난다.

9) 己日 戌月生

戌月은 만물을 거두는 시기이다. 丙火로 溫暖하게 함이 길하고, 癸水로 潤土하면 귀격이다.

土多하면 木으로 소토해야 길하고, 丙은 있는데 癸가 없으면 성실성이 없다. 반대로 癸는 있는데 丙이 없으면 재주는 있으나 발전이 없다.

지장간에 辰·戌·丑·未, 四庫가 있고 木이 하나라도 없으면 從格이 되어 大富팔자이다.

10) 己日 亥月生

亥月은 初冬의 寒氣가 시작되는 시기이다.

丙火가 희신이며 丙이 없으면 丁火도 사용하나 희신으로는 약하다.

甲, 丙이 있으면 더욱 길하다. 丙은 있고, 甲이 없으면 유능하나 無名이다. 丙이 길한데 卯木을 쓰면 총명하다.

11) 己日 子月生

子月은 丙火가 희신이다. 지장간에 丙이 암장하면 中格이요, 甲木이 희신이다.

水가 太旺하면 戊土가 복신(福神)인데 범람하는 水를 제방(堤防)하니 좋다. 寒氣가 극심한데 溫土해야 하므로 丙火가 절대로 필요하다.

12) 己日 丑月生

丑月의 己土는 土旺하나 습기(濕氣)가 있는 土라 丙火가 필요하다.

小寒 初에는 水氣가 太旺하면 丙戊가 대길하다.

大寒 後에는 甲丙이 있어야 高貴命이다. 木火가 많으면 癸水가 희신이 된다. 土多하면 金이 福神이다.

7. 庚金 日干

1) 庚日 寅月生

寅月의 庚金은 寒氣가 아직 남아 있으니 丙火가 있어야 큰 그릇을 만들 수 있다.

土가 많으면 木이 소토하므로 희신이다.

火旺하면 水가 희신이다. 火, 土가 많으면 水, 木이 희신이 된다.

2) 庚日 卯月生

卯月은 木이 强하고 金이 약하므로 土로서 金을 生助해야 貴命이며 日干이 地支에 通根하면 丁火가 길신이다.

丙, 甲이 透干하면 富貴格이다. 甲, 丙 중에 하나만 있어도 衣食이 풍족하다.

3) 庚日 辰月生

辰月의 庚金은 甲, 丁이 다 있어야 貴格이다.

金이 旺하면 丁火가 희신이다.

土가 많으면 甲木이 소토하므로 길신이 된다.

火가 많으면 壬癸가 火를 제거하므로 길하다.

丁은 있고 甲이 없으면 小格이요, 丁, 甲이 모두 없으면 下格이다.

4) 庚日 巳月生

巳月의 庚金은 巳에 長生하고, 巳 중에 土가 암장하고 있으니 壬水로 진흙을 씻어주고, 丙火로 연금(鍊金)하면 대길하다.

金이 旺하면 丁, 甲이 福神이 된다. 丁은 金을 단련하기 때문이다.

甲, 丙이 지장간에 숨어 있으면 下格이다.

壬, 癸, 丁이 없으면 平人에 불과하다.

5) 庚日 午月生

午月은 火旺節이라 壬癸가 희신이다. 午月 庚金은 金이 有根해야 길하다. 辰, 丑(水氣)이 있으면 旺火를 설기하고 生金하니 희신이다.

土가 있고 壬癸水가 있으면 昌盛하고 貴命이다.

火熱한데 水가 없으면 대장(大腸)과 심장병이 있다.

사주 내에 土가 많으면 반드시 水, 木이 희신이 된다.

6) 庚日 未月生

未月, 小暑節은 水와 습토(濕土)로 윤습(潤濕)함이 좋다.

土는 辰, 丑 濕土이있어야 한다.

大暑 後에 庚金은 土旺하여 甲木이 희신이다.

地支에 濕한 水土가 있고 丁火가 있으면 귀인이다.

甲은 없고 丁만 있거나, 丁은 없고 甲만 있으면 衣食이 풍족하다. 그러나 丁, 甲이 모두 없으면 平人이다.

7) 庚日 申月生

申月의 庚金은 丁火로서 연금(鍊金)해야 귀격이다.

甲木으로 丁火를 生助하면 최고의 貴命이다.

丁은 있고 甲이 없으면 小格이요, 甲은 있는데 丁이 없으면 下格이나 생활은 자족(自足)한다.

8) 庚日 酉月生

酉月의 酉金은 羊刃이 得令하여 身旺하므로 丙火가 희신이다.

丁火도 大吉하며 고귀하다. 그러나 丙火가 지장간에 암장하면 中格이다.

丙火가 투출하고 丁火가 암장하면 官運이 부족하다. 또 木은 있는데 火가 없으면 無用한 인품이다.

9) 庚日 戌月生

戌月은 土중에 매금(埋金)을 하니 木이 희신이다.
壬水는 大吉인데 이유는 깨끗하게 세금(洗金)하면 金이 빛이 나기 때문이다.
壬, 甲이 있어야 귀격이다. 甲은 있는데 壬이 없으면 食福은 있으나 귀인이 못 된다.
또한 土는 있는데 火가 없으면 유언무실(有言無實)이다.

10) 庚日 亥月生

亥月은 寒冷한 冬節이니 丁火로는 연금(鍊金)을 못 하고, 丙火로서 調候해야 한다.
地支에 寅木이 암장하면 上格이다. 丙은 있는데 丁이 없으면 功名을 不成한다. 丙, 甲이 있고, 丁火가 암장하면 무관(武官)의 운명이다.

11) 庚日 子月生

子月은 金寒하고 水冷하니 丁甲이 절대 필요하다.
丙火가 있으면 富貴格이다. 丙丁이 있고, 甲이 없으면 無用人物이다.
地支에 寅·午·戌이 있으면 有力한 인물이다.

12) 庚日 丑月生

丑月은 寒冷한 土旺節이라 丙丁이 있어야 貴命이며, 甲이 火를 生하면 귀인이다.
火는 있는데 木이 없으면 小格이다. 반대로 木은 있는데 火가 없으면 衣食은 自足한다.

8. 辛金 日干

1) 辛日 寅月生

立春節에 아직 寒氣가 남아 있으나 月支 寅 중에 丙戊가 있으므로 조후가 되고 生身하고 있으니 己土가 生助하면 희신이다.

辛金은 냉정한 성격이므로 戊土의 生助를 싫어한다. 이유는 戊土가 매금(埋金)하기 때문이다.

辛金은 壬水로 세척(洗滌)하면 빛이 나므로 大喜한다.

木이 많으면 庚도 희신이며, 水多하면 火土가 희신이다.

2) 辛日 卯月生

卯月은 木旺節이니 辛金이 通根해야 壬水와 甲木이 희신이다.

木多하면 庚金으로 木을 제거하고 辛金을 도와야 길하다.

地支에 亥水가 있으면 己, 甲이 있어야 吉神이요, 貴命이다.

辛金은 쇠약하니 己土가 절대로 필요하다.

3) 辛日 辰月生

辛金은 辰月에 有根해서 길하다. 甲木이 透干하면 富貴之命이다.

丙火는 효력이 없는데 이유는 丙, 辛이 合이 되어 水로 변하기 때문이다.

土多하면 甲木으로 疎土해야 길하다.

水旺하면 有才有能하나 木이 없으면 無財다.

4) 辛日 巳月生

巳月은 여름철이라 壬水가 필요하고, 壬水가 辛金을 세척(洗滌)하면 광채가 나고 조
후해 주므로 청귀(淸貴)한 사람이다.

濕土가 있으면 길하다. 濕土가 旺火를 설기하고 생금하니 좋다.

土多하고 水가 없으면 불길하다. 木多하면 庚金이 부득이 희신이 된다.

5) 辛日 午月生

己土가 생하고, 壬水로 金을 세척하면 광채가 나므로 희신이다.

辛金이 有根하고, 壬水도 有根하면 귀격이다. 旺弱을 불문하고 壬水가 있어야 광채
가 난다.

火多하고 水가 없으면 빈곤하고 요절(夭折)한다.

6) 辛日 未月生

未月 辛金은 土旺하면 埋金하므로 大忌한다.

壬水가 최고의 길신이다.

甲木으로 소토함이 大吉인데 甲己가 합하면 불길하다.

庚, 壬, 甲이 透干하면 貴命이다.

7) 辛日 申月生

壬水로 설기시켜 주면 대길하고, 辛金은 金이 旺해도 火剋을 싫어한다.

土多하고 水木이 없으면 下格이다.

水多하면 一土가 와서 生金함이 필요하다.

秋月 辛金은 壬水가 존귀(尊貴)하나 癸水는 싫어한다. 이유는 癸水가 오면 탁수(濁水)가 되고 洗金을 할 수 없다.

8) 辛日 酉月生

壬水가 喜神이다. 木多하면 금을 쪼개므로 金火가 필요하다.

戊·己 土가 많으면 甲·乙 木이 大吉하다.

壬水가 없으면 丁火를 쓸 수 있는데 甲木이 생해야 길하다.

火보다 水가 절대로 필요하다.

9) 辛日 戌月生

火土가 病이요 水木은 藥이다.

火土가 많으면 日干이 탁(濁)해지고, 生氣가 없다.

壬, 甲이 透干하면 富貴命이다.

土는 있고 木이 없으면 下格이다.

甲이 지장간에 있고 壬水만 노출하면 富命이나 貴命은 아니다.

10) 辛日 亥月生

辛金이 有根해야 길하다.

壬水가 있으면 金白水淸이라 貴格이다. 이때는 丙火로 조후해야 귀격이다.

壬水는 있는데 丙이 지장간에 있으면 小富요, 丙이 있고 壬이 암장하면 역시 小富이다. 辛日이 亥月이면 戊土도 길하다.

11) 辛日 子月生

子月의 辛金은 寒金이라 丙火가 희신이다.
水는 있는데 火가 없으면 총명하나 가난하다. 귀명이 아니다.
亥·卯·未 木局에 丁화가 있으면 上格이다.

12) 辛日 丑月生

丑月에는 寒冷하므로 丙壬이 있으면 대길하다.
丙壬이 없고 甲木만 있으면 의식주가 自足하다.
金土가 혼잡하고 丙이 없으면 천격(賤格)이다.
丙, 壬, 甲이 透干하면 上格이다.

9. 壬水 日干

1) 壬日 寅月生

庚, 丙, 戊가 透干하면 귀인이다. 壬, 癸가 많으면 戊土가 희신이다.
寅月의 壬水는 弱水이니 庚金의 生水가 필요하다.
春寒하니 丙火가 최고의 調候喜神이다.

金水가 相生하고 戊土가 투출하면 대중(大衆)을 복종시키는 인물이다.

火, 土만 있고 金이 없으면 일생 허공이다.

2) 壬日 卯月生

卯月은 無根한 水라 金이 있고 戊土의 제방(堤防)을 大喜한다. 역시 春寒하니 火가 조후희신이다.

壬水가 냉하므로 木旺하면 壬水가 쇠약하므로 金이 大喜神이다.

金이 없고 火土만 있으면 평생 잔병으로 고생한다.

3) 壬日 辰月生

戊土가 得令하니 甲木이 희신이다.

金, 水, 木이 相生해야 양붕(良朋)이라 귀인이다.

庚이 없으면 재화(災禍)가 있고, 甲이 없으면 신병(身病)이다.

金이 많으면 丙이 희신이요, 곡우(穀雨) 후에는 金이 희신이다.

土가 많고 金木이 없으면 一生 無用인물이다.

水가 많고 金이 있으면 火土가 大喜다.

4) 壬日 巳月生

壬水가 巳月에 절지(絶地)라 天干에 辛壬이 희신이다.

甲이 없고 地支에 寅木이 있으면 戊土가 三刑 七殺이다.

大運에서 火, 土를 만나면 평생 不成이다.

辛, 壬, 甲이 있으면 福命이다.

5) 壬日 午月生

丁火가 得令하니 金水는 衰弱한 시기이다.
庚辛이 있으면 水源이 장구(長久)하다. 癸水는 조후에 필요하다.
庚辛이 있고 癸가 없으면 有福하나 귀인은 아니다.
壬水는 있고 庚·辛이 없으면 大發은 못 한다.

6) 壬日 未月生

土燥하여 江山이 고갈한 때이니 金이 필요하다.
土가 투간하고 甲木이 소토하면 절대 희신이다.
辛金이 투간하고 甲이 지장간에 있으면 中格이다.
甲은 없고 辛이 있으면 천격(賤格)이다.

7) 壬日 申月生

立秋 直後에는 庚辛을 쓸 수 있다. 처서(處暑) 후에는 丁火가 庚金을 제거함이 吉하고, 戊土가 희신이다.
戊土가 有根하고 丁火가 通根하면 貴命이다.
戊土가 투출하면 쓸 수 있으나 戊土가 지장간에 있으면 不喜하다.

8) 壬日 酉月生

金水가 흐르고 있으니 甲木을 大喜하고 戊土는 忌하나 金旺하면 희신이다. 甲이 用이면 金이 불길하다.

金水가 많은데 土가 없으면 文章家라도 가난한 선비 신세다.

戊, 甲, 丙이 있으면 大吉하다.

9) 壬日 戌月生

土旺節이라 甲木으로 소토함이 대길하다.

壬水가 有根할 때 甲丙戊가 있으면 大貴格이다.

丙火, 戊土가 없으면 下格이다.

己土는 濕土이므로 大忌한다.

庚金은 不要하나 丁火가 있으면 庚金도 희신이다.

10) 壬日 亥月生

日主가 建祿이니 生旺하다. 그러므로 丙火는 조후희신이요, 戊土는 제습(除濕)하니 귀격이다.

甲이 透干하여 戊土희신을 剋할 때는 庚金이 大吉이다.

甲, 戊, 庚이 있으면 대귀격이다.

丙火가 없으면 부귀해도 빛이 없고 발전이 없다.

11) 壬日 子月生

壬水가 月支에 羊刃이라 戊土가 急하고 丙火로 조후해야 길하다.

丙火, 戊土가 투간하여 通根하면 부귀가 특출하다.

丙은 있고, 戊가 없거나 戊는 있고, 丙이 없으면 노력해도 成事가 안 된다. 丙이 투간하고 戊가 지장간에 암장하면 中格이다.

戊土가 투간하고, 丙이 지장간에 있다 해도 中格이다.

丙戊가 지장간에 있으면 衣食은 족하고 丙戊가 없으면 평생 노동자다.

己土는 不用이다.

12) 壬日 丑月生

小寒節에는 丙火가 희신이다.

大寒後에는 丙을 쓰지만 土가 旺하면 甲木이 희신이다.

丙火, 甲木을 쓸 때는 庚金과 壬水는 忌神이다.

丁火는 有根하면 丙火를 대신 쓸 수 있다.

丁壬이 합이 되면 財를 탐하나 小格에 지나지 않는다.

10. 癸水 日干

1) 癸日 寅月生

癸水가 月支 甲木에게 설기가 심하니 庚辛이 있어 水源이 되므로 희신이다.

初春에는 陰寒하니 丙火가 조후희신이다.

火土가 많고 金이 없으면 壬癸가 있어도 잔병이 많을 것이다.

土多하면 木이 투출해야 희신이다.

2) 癸日 卯月生

木旺節에 無根 弱水이니 庚金이 희신이다.

庚, 辛이 있고 己, 丁이 있으면 부귀격이다.

木旺한데 金이 없으면 천격(賤格)으로 재난(災亂)이 많다.

金旺하면 丙丁火가 희신이다.

3) 癸日 辰月生

辰 중에 癸水가 암장하니 丙이 투출하면 귀명이다.

곡우(穀雨) 後에는 辛甲이 희신이다.

土多하면 辛甲이 吉神이다. 丙火는 次吉이다.

水旺한데 木이 없으면 빛이 없다.

4) 癸日 巳月生

巳月은 天地가 조열(燥熱)하니 辛庚이 희신이다.

戊, 丁이 투출하면 불길하다.

戊, 己 忌神이 있을 때는 壬水가 투출하면 丁·戊를 구해주므로 희신이다.

旺하면 木이 희신이 된다.

5) 癸日 午月生

午月은 天地 萬物이 고갈이라 庚, 辛이 희신이다.
午月 癸水는 金의 도움이 약하니 壬癸가 있으면 대길이다.
金水가 약하고 火土가 왕하면 시력(視力)이 부족하다.
金, 水가 成局하면 火, 土 大運도 무방하다.
癸水 午月은 壬水가 필요하다.

6) 癸日 未月生

未月, 小暑중에는 金水가 희신이요, 大暑後에는 庚辛이 역시 희신이다.
丁火는 天干, 地支(地藏干) 어디에 있든 大忌한다.

7) 癸日 申月生

申月, 立秋節에는 庚辛이 길하다.
처서(處暑) 後에는 金旺하여 丁火가 희신이다.
丁火가 通根하면 더욱 길하다. 丁火가 午地에 있으면 부귀지명이다.
丙火는 丁火 다음으로 길하다.

8) 癸日 酉月生

丙辛이 길신이다. 丙이 투출하고, 辛金이 암장하면 中格이요, 辛이 투출하고 丙이 암장해도 中格이다.

火, 土가 많은데 庚, 辛이 있으면 무방하다.

金, 水가 많으면 火, 木이 필요하다.

9) 癸日 戌月生

癸水가 失令하여 辛金이 最吉이요, 庚金은 次吉이다.

壬癸가 生助하면 길하다.

辛·甲이 투출하고 癸가 암장하면 귀명이다.

癸水가 通根하고 旺하면 木, 火도 무방하다.

土多하면 木이 대길이다. 이유는 木이 소토하기 때문이다.

10) 癸日 亥月生

亥月에 金, 水가 왕하면 火土가 희신이다.

火, 土가 太旺하면 金이 大吉이다.

亥 중에 甲이 암장하였으니 木多하면 癸水의 영기(靈氣)를 잃은 것이다.

火가 희신이나 地支에 通根이 되어야 大喜한다.

11) 癸日 子月生

子月은 한랭(寒冷)이 극심하므로 해동(解凍)하려면 丙火가 時急하다.

火가 通根되고 木火(東南)大運이면 안락하고 발전한다.

金, 水가 旺하면 火, 土가 희신이다.

丙, 丁이 희신이나 通根해야 대길이다.

12) 癸日 丑月生

丑月은 丙火로 해동(解凍)하고, 戊土로 제습(除濕)하여 金이 있으면 上格이다.

丙은 있고, 戊가 없거나 戊는 있고 丙이 없으면 中格이다.

寅木이 있으면 丙이 암장해도 의식은 自足한다.

丙, 戊 모두 없으면 下格이다.

火, 土가 암장하면 小格이다.

제8장

사주 간명요결
(四柱 看命要訣)

四柱는 年柱, 月柱, 日柱. 時柱의 네 기둥을 정하고 天干, 地支의 여덟 자를 정하여야 한다.

年柱는 태어난 歲君을 위주로 하고, 月柱는 節氣를 기준으로 하며, 日柱는 子時를 기본으로 하고 時柱는 태어난 시각(時刻)을 위주로 정한다. 時刻은 時間과는 다른 개념으로 1刻을 2시간으로 계산한다.

먼저 天干에서 日主(日干)를 생하거나 日主를 剋하는 것과 설기(泄氣)하는 것을 살핀다. 다음에는 四柱干支에 比劫과 印星이 많으면 身强四柱로 보고, 食神, 傷官, 財星, 官星이 많으면 身弱四柱로 본다.

중요한 것은 月令(月支)과 日主와의 왕쇠(旺衰)를 먼저 보고, 또 日支와 日主와의 生剋을 보며, 時柱와 年柱는 부속으로 이해점(利害点)을 찾는다.

月柱와 日主간에 쇠왕(衰旺)을 살필 때는 반드시 절기(節氣)의 심천(深淺)을 보고 판단해야 한다.

같은 正月生이라 할지라도 立春初로부터 雨水前까지는 한춘(寒春)이므로 丙火의 태양열이 아직 약하고, 雨水後에는 화춘(和春)이라 甲木이 旺하여 丙火를 도우므로 자연 旺하다.

예를 들면 2024년 立春 節入 日時는 양력 2월 4일 17시26분에 들어오고, 雨水는 2월 19일 13시 12분에 들어온다.

天干, 地支를 합하여 日主의 强弱을 정하는데, 月令(月支)으로 節氣의 심천(深淺)을 판단한 다음에 四柱가 强하면 食傷, 官星과 財星이 喜神이 되고, 四柱가 弱하면 생부(生扶)하는 印星이나 比劫으로 喜神을 삼는다.

印星이 喜神이면 財星이 忌神이고, 比劫이 喜神이면 官星을 꺼린다. 또한 사주는 身强한데 食傷이 약하면 食傷으로 喜神을 삼는다.

大運 보는 법도 마찬가지로 판단한다. 특히 강조할 것은 身强, 身弱四柱를 불문하

고 巳·午·未 月, 夏節에 태어난 사주는 조후(調候)상으로 반드시 水를 喜神으로 삼아야 하고, 金水運에 발전한다. 또 亥·子·丑 月, 冬節에 태어난 사주는 火가 喜神이 되며, 木火運을 만나면 大吉하다.

다음으로 중요한 것은 사주 내에 木, 火, 土, 金, 水 五行이 모두 있으면 五福을 타고난 사람이다. 그러나 五行이 모두 있는 사람은 100명 중에 25% 정도로 적으며, 약 75%는 사주 내에 없는 오행이 한두 개씩 나타나는 경우가 허다하다.

四柱 내에 없는 오행(缺五行)이 질병(疾病)이요, 본인에게 맞는 직업이기 때문에 먼저 없는 五行이 있는지, 없는지부터 반드시 살펴야 한다.

일반 명리학자들이 중요하게 생각하지 않으므로 다시 강조하는 바이다.

四柱八字는 태어나는 순간, 정해지는 것이므로 인위적(人爲的)으로 평생 바꿀 수가 없으며, 당사자의 길흉((吉凶)을 알 수 있는 숙명(宿命)인 것이다.

四柱의 强弱으로 부귀(富貴)와 빈천(貧賤)을 판단할 수 있다. 四柱는 先天的으로 타고난 음양오행이요, 大運은 後天的으로 이동하면서 나타나는 음양오행이다.

大運이란 10년 단위로 바뀌는 운으로서, 大運의 흐름에 따라 나타나는 길흉화복(吉凶禍福)을 판단할 수 있다. 1년은 3개월마다 春, 夏, 秋, 冬의 계절이 바뀌지만, 大運은 30년 단위로 春, 夏, 秋, 冬의 계절이 바뀐다.

고언(古諺)에 말하기를 사주불여대운(四柱不如大運)이란 말이 있다. 즉 四柱가 아무리 좋아도 大運의 흐름이 不吉하면 매사 成事되기 어렵다는 뜻이다.

마치 배(船)가 아무리 튼튼하여도, 태풍(颱風)과 풍랑(風浪)을 만나면 항해가 어렵고, 또 차(車)가 아무리 좋은 벤츠라도 도로가 험한 자갈길이라면 달릴 수 없는 것과 같다. 따라서 四柱는 각자가 타고난 숙명(宿命)이라 평생 한 자도 바꿀 수 없으며, 움직이지 않는 정적(靜的)인 구상화(具象畵)와 같은 그림인 데 반해서, 大運은 春, 夏, 秋, 冬 계절의 변화에 따라 움직이므로 운명의 길흉(吉凶)을 판단할 수 있는 기준이 된다.

다시 말하면 사주 자랑하지 말고, 行運 즉 大運, 歲運, 月運 등의 흐름을 면밀하게 관찰해야 한다는 뜻이다.

제9장

사주 간명(四柱 看命) 순서

1. 성격(性格)

각자의 성격을 알려면 먼저 태어 난 달, 즉 月支의 六神 위주로 설명하고, 다음으로 日干을 참고로 대입(代入)시켜 보아야 한다.

성격 보는 방법은, 여러 가지 설(說)과 간법(看法)이 전해져 오고 있으나, 그동안 수많은 고객과 대담한 결과 月支 六神으로 보는 것이 가장 정확하였으며, 모두가 놀라고 맞는다고 동의하였다. 이유는 月支는 天氣로서 각자가 태어날 때 부여받은 기질(氣質)이 형성되는 곳이기 때문이다.

月支는 사주팔자 중에 가장 旺盛한 운기(運氣)를 간직한 군왕(君王)이요, 주체(主體)로서 이를 체(體)라고 한다.

체(體)는 節氣의 主体이자 사주의 주인공으로서 압도적인 運氣의 권능을 가지고 있다. 四柱八字의 전체 運氣가 100%라면 月支의 운기는 약 50%를 차지한다. 심지어 변만리(邊萬里) 선생은 萬里天命이라는 책에 月支를 70%로 본다고 하였다. 그만큼 月支의 세력이 강하다는 뜻이다.

모든 것은 春, 夏, 秋, 冬, 절기(節氣)에 의해서 창조되고 형성되며, 운영되고 유지되듯이, 四柱는 月支를 중심으로 구성되고 작용하고 있다. 따라서 본인이 태어날 때, 어느 계절에 태어났느냐에 따라 운명이 좌우된다고 보는 것이다.

예를 들어 木 日干으로 태어난 사람은, 봄에 태어나야 싹이 돋아나고 가지가 뻗어나가는 데 반해서, 가을에는 단풍이 지고, 겨울에는 잎이 떨어지고 앙상한 가지만 남게 되는 법이다. 그러므로 四柱를 감정할 때는 반드시 본인이 어느 달, 어느 계절에 태어났는가를 먼저 보아야 한다. 이유는 月支를 기준으로 왕쇠강약(旺衰强弱)을 결정하기 때문이다.

月支의 氣를 받으면 득령(得令) 또는 得氣라고 하고, 月支의 氣를 받지 못하면 실령(失令) 또는 失氣라고 표현하는 것이다. 따라서 月支에 정답(正答)이 있다고 해도 과언이 아니다.

저자는 사주를 간명(看命)할 때, 고객들에게 제일 먼저 본인의 타고난 성격부터 말해 준다. 고객들의 반응은 "놀라울 정도로 정확하다"고 하였다.

1) 月支로 보는 성격(性格)

(1) 月支 比肩의 성격

겉으로 보기에는 온순하게 보이나, 자존심이 강하고 매사 자기 뜻대로 행하며, 고집이 대단하고, 어려워도 남에게 의지하기를 싫어한다.

(2) 月支 劫財의 성격

자존심이 강하고 고집이 세며, 돈 낭비가 심하다. 돈이 들어오면 쓰고 보는 성격이며, 아끼는 법이 없다. 또한 모험심이 강하고, 자기보다 잘난 사람은 억제하고 약한 사람은 도와주려는 양면성이 있다.

(3) 月支 食神의 성격

온순하고 예의가 바르며, 다재다능(多才多能)하고 총명하며, 마음도 넓다. 또한 인정도 많아 남을 도와주려는 마음이 크다. 月支에 食神, 傷官이 있으면 장수(長壽)하는 사람이 많다. 食神星은 수명성(壽命星)이기 때문이다

(4) 月支 傷官의 성격

총명하고 머리가 비상하며 재주가 많다. 그러나 비밀이 없고, 바른 말 잘 한다. 직장 상사에게도 직언(直言)을 잘 하기 때문에 승진의 기회가 없다.

오만하고 자존심이 강하므로 직장 생활에는 맞지 않는 성격이다. 그래서 직장 생활을 오래하는 사람이 드물다.

(5) 月支 正財의 성격

정직하고 성실하며, 투기(投機)를 싫어하고 하나하나 점진적으로 나아가는 성격이다. 오직 자기 힘으로 돈을 저축하기 때문에 절대 낭비를 싫어하므로 돈에는 좀 인색한 성격이다.

(6) 月支 偏財의 성격

사귀기는 어려우나 한 번 사귀면 의리가 있는 사람이다. 그러나 돈 낭비가 심하고 투기를 좋아하며, 한 번에 돈을 벌려는 욕심이 강하고 돈 욕심도 많다. 대인관계에 있어서는 사교성이 좋다.

(7) 月支 正官의 성격

정직하고 총명하며, 예의가 바르고 인품이 훌륭하다. 선비 타입이며 인격자로서 모범생이다.

(8) 月支 偏官의 성격

자존심이 강하고 권모술수(權謀術數)가 능하며, 호전적(好戰的)이고 잔꾀가 많다. 남과 다투기를 좋아하고 시비와 구설(口舌)수가 많다. 그래서 좀 버릇이 없다.

(9) 月支 正印의 성격

근면 성실하고 총명하며 학문을 좋아하나 돈에 좀 인색하다. 月支에 正印이 있는 사람은 재물과는 인연이 멀고, 학문 방면으로 진출하는 것이 좋다.

(10) 月支 偏印의 성격

총명하고 다재다능(多才多能)하며, 눈치와 재치가 빠르고 임기응변(臨機應變)에 능하나 끈기가 부족한 것이 약점이다. 그리고 예능(藝能)에 소질이 있으며 특히 연예인 중에 月支에 偏印인 사람이 많다.

2) 日干으로 본 성격

(1) 甲乙 木 (仁)

속마음은 어질고 착하나, 겉으로 보기에는 강직(强直)하게 보인다. 명분(名分)을 중하게 여기고 단정하며, 악(惡)한 것을 미워하고 온순하며 독실한 성품이다. 甲木은 큰 나무에 비유되고, 乙木은 화초(花草)나무에 비유되므로 성격상 차이가 있다. 甲木은 장애물이 있어도 위로 위로만 벋어나가는 성질이 있어 자존심이 강하고 순종하고 굴복하기를 싫어한다.

甲은 陽木이요, 乙은 陰木이다. 陽은 남자로서 강하고, 陰은 여자로서 약하다. 乙木(花草)은 甲木과는 달리 장애물이 있으면 바로 굽어지는 성질이 있으므로 순종하고 굴종하는 성격이며 독하지 못하다. 그래서 乙木으로 태어난 日干은 성격이 부드럽고 어진 성품이다.

(2) 丙丁 火 (禮)

총명하고 예민하며 판단력이 빠르고 밝고 적극적이며, 예절(禮節)을 중히 여긴다. 그러나 속으로는 성급하나, 화가 나도 오래 가지 못하고, 바로 잘못을 후회하는 성격이다. 또한 사치와 화려함을 좋아하고 이론보다 실천을 중요하게 생각하며, 참을성이 약하여 화를 잘 낸다. 그러나 인정이 많고 말을 빨리하는 편이다.

丙火는 하늘의 태양(太陽)을 상징한다. 태양의 火는 밝고 남쪽에 위치하므로 따뜻하다. 그러나 丙火로 태어난 사람은 하나같이 베풀기를 좋아하나 인덕(人德)이 없다고 한다. 왜냐하면 丙火 日干은 본인이 나쁘다는 뜻이 아니라 남에게 베풀어 주고도 고맙다는 인사를 받지 못하여 서운하다는 뜻이다. 마치 아침에 동쪽에서 해가 솟아오르면 고맙다고 절하는 사람이 없다.

반대로 캄캄한 밤에 둥근 달이 뜨면 기도하고 절하며 소원을 빈다. 만일 태양이 없는 세상은 모든 사람이 한습(寒濕)하여 병들고, 모든 동물과 식물들도 존재할 수 없다. 이렇게 베풀어 주고 고마운 존재인데도 예사롭게 보는 것이 태양으로서는 섭섭할 것이다. 마찬가지로 丙火 역시 남에게 베풀고도 고맙다는 인사를 받지 못하니 서운할 것이다.

丁火는 달과 촛불(燈火)에 비유되는데, 촛불은 반드시 밤에 태어나야 좋다. 왜냐하면 촛불은 밤에는 빛이 나고 밝지만, 낮에는 촛불의 존재가치가 없기 때문이다. 丁火는 야행성(夜行性)이기 때문에 밤에 활동하는 것이 좋다.

(3) 戊己 土 (信)

戊土 日干으로 태어난 사람은 한결같이 온순하고 신용을 중하게 여긴다. 성격이 원만하여 신의(信義)가 있고, 언행(言行)이 신중하다. 성실하고 책임감이 강하며, 질서를 잘 지키고 생각이 깊다.

戊土는 넓은 들판이요, 높은 산으로 보며, 己土는 농사짓는 전답(田畓)에 비유된다. 戊土는 홍수(洪水)를 겁내지 않고, 己土는 홍수를 겁낸다.(己土濁壬)

戊, 己 土로 태어난 사람은 반드시 巳월, 午월, 未월의 여름에 태어나야 좋다. 여름철에 농사짓고 나무를 심으며, 가을과 겨울에는 농사를 지을 수가 없기 때문이다.

(4) 庚辛 金 (義)

庚, 辛 日干은 성격이 강직(强直)하고 의리(義理)가 있으며, 남을 통솔하는 지도력이 있다. 의지가 강하고 정의로우며, 영웅심이 강하다.(朴正熙, 金大中 전 대통령)

오행 중에 金은 가을철인데, 여름철에 화려했던 꽃이 지고 나면 가을에는 열매가 생기고, 단단한 오곡백과(五穀百果)로 변한다. 그 쇳덩이처럼 단단한 열매를 金이라 한다. 金은 물질 중에서 가장 단단하고 치밀하다. 金은 저녁과 서방(西方)을 상징한다.

(5) 壬癸 水 (智)

壬, 癸 日干으로 태어난 사람은 한결같이 친절하고 언어는 유정(有情)하며, 재주가 비상하고 총명하다. 머리가 좋고 기억력도 좋다. 성격이 맑고 적응력이 강하며, 활동하는 성격이며 지혜도 맑다.

물은 어둡고, 차가운 밤을 상징한다. 밤은 해가 서쪽으로 완전히 몰락하면서 시작되는 하루의 종말이다. 하루의 종말은 밤이듯이 일 년의 종말은 겨울이며, 인생의 종말은 늙고 병든 노년기(老年期)에 해당한다.

水(물)는 북방에 해당한다. 우리나라는 지구상 북방이 아니라 간방(艮方)에 속한다. 간방은 東方과 北方의 사이에 위치한 東北間方에 속한다. 東方 木은 象數學상으로 三八木이다. 陰陽의 장난인가? 한국은 삼팔선을 경계로 남북이 분열되어 있다.

3) 四柱에 없는 五行의 성격

사주 내에 木오행이 없으면 공부 재주가 없다. 반대로 木오행이 많으면 공부재주가 많다.

사주에 火오행이 없으면 판단력이 부족하다. 반대로 火오행이 많으면 판단력이 뛰어나다.

사주에 水오행이 없으면 총명하지 못다. 반대로 水오행이 많으면 총명하고 지혜가 많다.

2. 건강(健康)과 질병(疾病)

男女, 노소(老少)를 막론하고 자기 건강에 대하여 관심이 많다. 건강과 질병에 관해서는 의사에게 묻는 것이 상식이지만, 요즘 내방자(來訪者)의 대부분은 예외 없이 자기의 건강이 어떤지 역학자에게 묻는다.

놀라운 것은 20대 초반의 男女가 자기의 건강을 알고 싶다고 묻는 경우이다. 그러므로 상담자로서는 모른다고 할 수 없고 반드시 연구하고 꼭 알아야 하는 과제이다.

다행히 저자는 學會 강의용으로 체질의학(體質醫學)이란 책을 발간하였기에 나름대로 시원하게 설명할 수 있었다. 이 이론을 후학들과 공유하고 싶다.

먼저 기억할 것은, 四柱 내에 陰陽五行 중에 빠진 것이 없고 모두 있으며, 음양오행이 중화(中和)와 균형을 이루고 있으면 건강하다고 본다. 그러나 오행이 너무 많아도 안 되고, 모자라도 안 된다. 많다는 것은 같은 오행이 3개 이상 있는 것을 말한다.

옛 말에 과유불급(過猶不及)은 개위질(皆爲疾)이란 말이 있듯이 같은 오행이 너무 많거나, 사주에 없는 오행도 病이 된다는 뜻이다.

1) 四柱 내에 많은 五行도 병이다

예를 들면 사주 내에 土오행이 3개 이상 있으면 土剋水하므로 水氣가 손상(損傷)을 입게 되므로 신장(腎臟), 즉 콩팥과 방광(膀胱), 생식기(生殖器)가 허약하므로 자주 피곤하고 허리가 아프며, 여자인 경우 냉증, 대하중, 월경불순 등을 겪는다.

또한 土오행이 많은 것도 병인데, 土는 오장육부(五臟六腑) 중에 위장(胃臟)에 해당하므로, 반드시 소화불량으로 고생하게 되고 허리도 자주 아프다.

따라서 四柱 내에 많은 五行으로부터 剋을 당하는 五行이 무엇인지를 설명하고, 다음에는 사주 내에 많은 五行도 病이라고 설명해야 한다.

예를 들면 사주에 水가 많으면 火가 剋을 당하므로 심장, 혈압을 조심하고, 또 水가 많으면 水는 신장, 방광이 허약하다고 말하면 된다.

2) 四柱 내에 없는 五行도 질병이다

(1) 木 오행이 없는 사주
간(肝), 담(膽), 신경계통(神經系統)으로 고생한다.

(2) 火 오행이 없는 사주
심장, 혈압, 당뇨, 시력이 약하여 안경을 써야 한다. 또한 우울증과 신경쇠약증이 있다.

(3) 土오행이 없는 사주
위장이 약하여 소화불량증이 있고, 또한 허리가 자주 아프다.

(4) 金 오행이 없는 사주
기관지, 호흡기, 폐(肺), 대장(大腸) 등이 허약하다.

(5) 水 오행이 없는 사주

신장(腎臟), 방광(膀胱) 생식기, 비뇨기, 귓병 등이 있고, 남녀 불구하고 水오행이 없는 사주는 밤 사랑이 약하여 늘 불만이다.

3) 오장육부(五臟六腑)

인체(人體)는 陰陽五行으로 오장(五臟)과 육부(六腑)를 분류한다. 장(臟)은 陰이요, 부(腑)는 陽이다.

木은 간肝), 담(膽)이요, 火는 심장(心臟) 소장(小腸)이며, 土는 비(脾), 위(胃)요, 金은 폐(肺), 대장(大腸)이며, 水는 신장(腎臟), 방광(膀胱)이다.

부(腑)는 陽이요 남자이며, 장(臟)은 陰이요 여자이다. 인간은 남자가 의식주(衣食住)를 생산하고 공급하며, 여자는 살림을 주관하듯이 人體는 양부(陽腑)가 생산을 전담하고, 여자는 살림을 주관하듯이 음장(陰臟)은 양부(陽腑)가 생산한 血氣水火를 갈무리하고 공급한다.

생산은 곡기(穀氣)의 소화에서 시작된다. 곡기(穀氣)는 식도(食道)를 통해서 위(胃)에 수납되고, 십이지장(十二指腸)을 통해 소장(小腸)으로 공급한다.

소장(小腸)에서 완전 분해된 곡식은 대장(大腸)으로 넘어가서 진액(津液)으로 거두어진다. 거두어진 곡기는 혈기(血氣)로서 방광(膀胱)에서 갈무리되었다가 신(腎)으로 넘어간다.

신(腎)은 정(精)을 거두어서 이를 기화(氣化)시켜 혈(血)을 생산한 다음 간장(肝臟)으로 공급한다. 肝은 혈액의 공급과 신진대사를 전담한다.

오장육부가 먹고 사는 피(血)를 간(肝)에서 공급한다. 혈(血)은 氣를 얻어야만 움직이고 순환시킬 수 있다. 氣는 산소를 말한다.

3. 육친궁(六親宮)

부모(父母), 형제(兄弟), 처(妻), 남편(男便), 자녀(子女)를 육친궁(六親宮)이라 한다. 즉 直系 존비속(尊卑屬)을 말한다.

아버지는 年干과 偏財에 속하고, 年支는 家門의 뿌리로서 祖上으로 본다.

어머니는 月支와 印星에 속하고, 印星과 합이 되는 偏財가 나의 아버지다.

형제는 月干과 比劫에 속하고, 아내는 日支와 財星에 속하며, 남편은 日支와 官星에 속한다.

子女는 남자의 경우, 時柱와 官星에 속하고, 여자는 時柱와 食神, 傷官을 자녀로 본다.

중국, 淸나라의 命理大家로 유명한 위천리(韋千里) 선생은

年柱를 부모궁으로 보고,

月柱는 형제궁으로 보며,

日干은 본인이고

日支는 배우자궁으로 보며 時柱는 자녀의 原宮으로 본다.

저자 역시 이 韋千里 論法에 同意하는데, 이유는 六親이란 글자 그대로 본인을 위주로 직계(直系)인 나의 父母와 형제 그리고 나의 子女를 뜻하기 때문이다.

옛날 先人들은 사주구성을 나무에 비유하여 근묘화실(根苗花實)로 판단하였다.

즉 年柱는 나무의 뿌리에 해당하므로 家門과 祖上으로 표현하고, 月柱는 天元으로서 나무의 싹으로 보며 부모, 형제궁으로 본 것이다.

그리고 日柱는 나무의 꽃(花)으로 보고 자신과 배우자로 본 것이다.

時柱는 나무의 열매(實)로서 자식에 해당한다고 인식하였다.

※ 六親宮을 十神별로 구분하면 다음과 같다.

	육친조견표(六親早見表)	
	男命	**女命**
比肩	친형제, 친구	친자매, 친구, 남편의 첩
劫財	이복형제, 자매	남편의 첩
食神	장모, 손자, 조카	아들, 손자, 조카
傷官	조모, 외조부, 첩의 모	딸, 조모, 외조부
正財	본처, 백부, 숙모	손자, 숙부, 시댁백부
偏財	첩, 아버지	아버지
正官	딸, 조카	본 남편(本夫)
偏官	아들, 사촌	애인, 정부(情夫)
正印	생모, 장인	생모
偏印	계모, 조부	조부, 계모

1) 부모궁(父母宮)

(1) 年干에 偏印이 있으면 일찍 아버지를 잃는다.

(2) 年月에 사길성(四吉星) 즉 食神, 正財, 正官, 正印이 있으면 초년 운이 吉하다.

(3) 年月에 사흉신(四凶神) 즉 劫財, 傷官, 偏官, 偏印 등이 있으면 사주의 조화가 잘 이루어져도 초년 운이 좋지 않다.

(4) 日干이 年干을 剋하면 부모덕이 없고, 자수성가 (自手成家)하는 사주팔자이다. 이유는 자식이 아버지를 剋하기 때문이다.

(5) 年干에 劫財, 傷官, 偏官, 偏印이 있으면 남녀 공히 부모덕이 없다.

(6) 年柱가 空亡이면 부모덕이 없다. 年支가 空亡이면 年干도 空亡으로 본다.

(7) 年柱에 正官이 있으면 명문가(名門家) 집안에서 태어나고 소년기에 잘살았다.

(8) 年干에 傷官이 있으면 아버지와 일찍 생사이별 (生死離別)한다. 이유는 年干은 아버지 宮이기 때문이다. 또한 年干에 正官이 있고 月干에 傷官이 있어도 아버지와 일찍 이별한다.

참고로 淸나라의 韋千里 선생과 한국의 邊萬里 선생은 官星을 아버지로 본다. 이유는 官星을 질서와 보호자로 보기 때문이다. 어릴 때는 아버지가 子女를 보호하고, 老年에는 자식이 아버지를 보살펴 준다. 그래서 남자 사주에 있는 官星을 子女로 본다. 아버지는 子女의 보호자이기 때문이다.

(9) 年柱에 比劫이 있으면 장남이라도 장남 구실을 하지 못한다. 그리고 조상이 가난했다.

(10) 年柱에 財星이 있으면 부조(父祖)가 잘살았고, 본인은 유산(遺産)을 상속 받는다.

(11) 年柱에 正印이 있으면 조상이 문장가(文章家)이다.

(12) 年干과 月干이 干合하면 부모덕이 있고 초년에 발달한다.

(13) 아버지를 偏財로 보는 것은 어머니인 正印과 合이 되는 관계이기 때문이다. 예를 들면 丙 日干의 正印(生母)은 乙인데, 丙 日干의 偏財(父)는 庚이다. 그러므로 乙, 庚 干合이 된다.

		(正印)	(偏財)
(예)	丙 丙	乙	庚
	申 申	酉	戌

(14) 사주 내에 印星이 많으면 어머니가 가정의 주권(主權)을 잡기 때문에 子女는 무능하게 된다. 이유는 본인이 젖먹이(乳子)의 심정이라, 어머니에게 매사 의지하게 되고, 독립심이 약하다. (母旺 滅子)

2) 형제궁(兄弟宮)

형제는 어머니의 같은 배에서 태어난, 같은 나무의 지엽(枝葉)으로 본다.

月干은 형이요, 月支는 동생이라고 하는가 하면, 月干은 男 형제요, 月支는 女 형제라고 하는 설이 있다.

月柱에 喜神이 있으면 형제가 유능하고 다정하며, 상부상조(相扶相助)함으로서 형제덕이 있다. 반대로 月柱에 忌神이 있으면 兄弟가 무능하고 무정하므로 아무런 도움이 되지 않으며 평생 얻는 것보다 잃는 것이 많다.

육친상으로 比肩, 劫財는 형제에 해당한다. 比劫이 忌神이 되면 무정하고 반목하며, 짐이 되고 손실이 많은 데 반하여, 比劫이 喜神이면 서로 사랑하고 아끼며 도와준다.

五行상 比劫을 누르고 상하게 하는 것은 官星이다. 관성이 旺하거나 많으면, 형제별인 比劫星이 무기력하고 도움이 안 된다. 반대로 比劫이 왕성하면 형제가 득세하고 官星이 있다 해도 제약을 받지 않는다. 그 이유는 五行상 승부(勝負)는 旺者가 쇠약한 자를 누르고 지배하기 때문이다.

3) 처궁(妻宮)

아내는 日干과 일심동체(一心同體)로서 日支에 있으므로 육친상으로 남편이 부양하고 보호하는 관계이니 재성(財星)에 해당한다.(我剋財)

日支가 喜神이면, 아내가 현모양처(賢母良妻)로서 내조(內助)가 두텁고 금실이 좋으며, 결혼 후부터 운이 열리고 만사가 호전한다. 반대로 日支와 財星이 忌神이 되면 서로 대립하고 반목하며 무정하므로 비록 부부이지만 남남이나 마찬가지다.

(1) 사주 내에 財星(正財와 偏財)이 많으면, 부부불화가 심하다.
(2) 사주 내에 正財가 하나만 있으면 일평생 일처(一妻)와 산다.

(3) 사주 내에 正財는 없고, 偏財만 있으면 본처와 이별하고, 후처(後妻)와 산다.

(4) 正財가 있는데 또 正財가 있으면 본처 외에 또 다른 여자와 만난다.

(5) 天干과 地支에 比肩과 劫財가 3개 이상 있으면 결혼을 하지 않는 것이 좋다. 결혼하고 나서 바로 후회하게 되며, 결국 이별하게 된다.

男命의 比劫은 같은 남자로서, 본인 외에 또 다른 남자가 본인 사주 내에 나타나 있으므로 처의 애인으로 보는 것이다.

(6) 재다신약(財多身弱) 사주는 본인이 재산을 관리하기보다 처가 재산을 관리하면 손재(損財)와 액운을 피할 수 있다.

(7) 丙日干의 처는 金오행이므로 처는 서쪽에서 혼처가 나타난다.

(8) 남자 사주에 日支가 망신살(亡身殺)이면 독신주의자가 많다. 그러나 예능(藝能)에는 소질이 있는 사람이다.

(9) 正財가 천을귀인(天乙貴人)이면 처의 용모가 아름답고 정숙한 여인이며, 재물복도 타고났으므로 처에게 재산을 관리하도록 해야 한다.

[천을귀인(天乙貴人)]

　　(日干)　　　　　　　　　　(天乙貴人)

甲, 戊, 庚 日干 ················ 丑, 未가 天乙貴人이다.

乙, 己 日干 ······················ 申, 子가 天乙貴人이다.

丙, 丁 日干 ······················ 酉, 亥가 天乙貴人이다.

壬, 癸 日干 ······················ 卯, 巳가 天乙貴人이다.

辛 日干 ···························· 寅, 午가 天乙貴人이다.

(10) 日支에 劫財가 있으면 남녀 불문하고 부부불화가 있게 된다. 특히 여자인 경우 남편은 재물복을 못 타고났으므로, 남편에게 의지할 생각 말고, 본인이 남

편 대신 생활전선에 나간다.

(11) 日支인 처 자리에 正印이 있으면 처복이 있다.

(12) 男命 日支에 財星(正財, 偏財)이 있으면 처에게 재산을 맡기는 것이 좋다.

(13) 正財가 도화살(桃花殺)이면, 처의 용모가 아름답고 내조(內助)를 잘 한다.

(14) 日支와 大運의 地支가 相冲이 되는 5年간은 부부가 각각 따로 산다.

(15) 男命의 日支에 偏財가 있으면 처복이 있고, 처가 재산을 관리해야 재산을 온전하게 보존할 수 있다.

(16) 男命의 財星이 寅·申·巳·亥 역마살이 되면, 국제결혼하거나 외국인과 인연이 있다.

(17) 男命의 干支애 比肩, 劫財가 3개 이상 있으면 처와 결혼하고 나서 바로 후회하고 불화가 심하며 결국 이별한다. 많다는 것은 곧 없다는 것과 같은 의미다.(多者無者)

(18) 日支에 偏印이 있으면 남녀불문하고 부부간에 불화가 심하고 재물 복이 없다.

(19) 재다신약(財多身弱) 사주는 재물에 대한 욕심은 많아도 축재 방법이 둔하여 재물을 모으기가 어렵다. 소위 부옥빈인(富屋貧人)이라고 하는데, 큰 집에 살지만 실속은 없고 가난하게 산다는 뜻이다.

(20) 日支에 있는 財星이 刑, 冲이 안 되면, 현처(賢妻)를 만나고, 또 食神과 正官이 日支에 있으면 사길성(四吉星)으로 妻宮이 길하다.

(21) 日支에 양인살(羊刃殺)이나 比劫이 있으면 妻宮이 불길하다.

(22) 日支와 時支가 日時相冲이 되면 부부 이별하고, 자녀도 적으며 늦게 子女를 얻는다. 또한 본인의 말년도 부족하다.

4) 남편궁(男便宮)

여성은 일생을 같이하는 남편을 日支와 官星으로 판단한다. 日支에 忌神이 있으면 남편 덕이 없고 무정하며, 반대로 日支에 喜神이 있으면 남편 덕이 많고 다정하다.

日支가 刑/沖이 되면, 생사사별(生死離別)하거나 풍파 등으로 해로하기가 어렵고 변동이 불가피하다. 그러나 沖이 空亡이 되면 해충(解沖)이 되므로 치명적인 비극은 모면할 수 있다.

官星은 본래 질서와 보호자로서 오직 하나이어야 좋다. 官星이 가장 두려워하는 것은 傷官이다. 글자 그대로 傷官은 官星을 剋하고 무능하게 함으로서 불안하고 초조하며 떨게 한다.

사주 내에 官星과 傷官이 같이 있는 여자 사주는, 남편에게는 치명적이고 상처투성이다. 여자 사주에 傷官이 많아도, 官星이 없으면 오히려 청결(淸潔)하고 안심이 되나, 운에서 官星이 나타나면 그때 평지풍파가 일어나고 남편이 치명적인 상처를 받게 된다.

반대로 사주 내에 官星만 있고, 상관이 없으면 運에서 상관 운이 오면, 남편과 다투게 되고 시비와 구설이 끊이지 않는다. 官星이 두 개 이상 있거나 官殺이 혼잡하면, 남편이 여럿임을 암시한다. 남편이 둘 이상이 나타나는 형국이니, 初婚에 실패하고, 재혼하는 경우가 많다.

(1) 女命의 日支에 원진살(元辰殺)이 있으면, 부부불화가 심하고 남편을 무시한다.
(2) 天干, 地支에 比劫이 3개 이상 있으면, 차라리 독신생활이 좋다. 결혼하고 바로 후회한다. 이유는 女命의 比劫은 같은 여자가 내 사주에 또 있으므로, 남편이 다른 여자를 본다는 뜻이다.
(3) 女命에 偏官이 있으면 연애 결혼하는 사주이고, 正官이 있으면 중매 결혼하는 사주이다.
(4) 女命에 正官이 하나만 있으면 평생 한 남편과 해로(偕老)한다.
(5) 女命에 正官이 本夫(본 남편)인데, 正官이 天乙貴人이 되면 궁합 볼 필요도 없고, 누구를 만나도 일 등급 남편감을 만나게 된다.
(6) 女命의 日支에 劫財가 있으면, 남편에게 재물 복은 없으므로 남편 복을 기대하지 마라.
(7) 日支에 傷官이 있으면, 남편 복이 없고 부부 불화가 심하니 본인의 노력으로 돈을 벌어야 하는 운명이다.

(8) 女命 어디에 있든 傷官이 있으면, 남편출세 운이 없으니 남편 복을 기대하지 마라.

(9) 女命 日支에 偏官이 있으면, 후처(後妻) 자리로 시집가야 해로(偕老)할 수 있다.

(10) 女命 天干에 比劫이 2개 이상 있으면 후처(後妻)이거나 남편이 바람을 핀다. 이유는 比劫은 남편의 애인으로 본다.

(11) 女命의 月支가 傷官格이면 남편 복이 없다.

(12) 女命의 月支에 偏印이 있으면, 아기를 유산(流産)하거나, 애 낳기가 힘들다. 이유는 食神이 女命의 자식인데, 食神을 剋하는 것은 偏印이기 때문이다. 이것을 도식(倒食)이라 표현한다.

(13) 傷官格은 남녀 불문하고, 運에서 官星運을 만나면 구설수(口舌數)가 일어나고 대흉(大凶)하다.

(14) 女命에 官星이 하나라도 없으면, 늦게 결혼해야 하고, 남편 잘되기를 바라지 말고, 본인이 돈을 벌도록 노력하여라.

(15) 女命에 正官이 하나만 있으면, 일등급 남편이요, 正印이 있으면, 이등급 남편이며, 官印이 다 없으면, 삼등급으로 이별 수가 있거나, 불화가 심하다.

(16) 女命은 正官을 남편으로 보는데, 正官이 없으면 偏官을 남편으로 보고, 만일 官殺이 모두 없으면 財星을 남편으로 본다. 用神은 여자에게 소중한 보호 신이므로 남편으로도 본다.

(17) 女命에 財星이 3개 이상 있거나, 四柱 내에 합이 많으면 부정(不貞)하고 음란(淫亂)하다.

(18) 女命에 官殺이 있는데, 다시 官殺運을 만나면 凶이 많고 吉이 적다.

(19) 女命에 食傷을 子女로 보는데, 사주가 너무 弱하면 자녀 생산능력이 부족하여 애 갖기가 힘들다.

(20) 女命에 食神, 傷官이 刑殺이나 相沖이 되면 반드시 유산(流産)하게 된다.

(21) 月柱에 正官이나 正印이 있으면 남편이 귀인이다.

5) 자녀궁(子女宮)

子女는 인생의 결실로서 時柱에 속한다. 時柱에 喜神이 있으면 자녀 운과 복이 두터워 子女를 얻기도 쉽고, 기르기도 순탄하며 효성이 지극하다.반대로 時柱가 忌神이면 설령 자녀가 많다고 해도, 자녀 덕이 없고 효성을 기대하기 어렵다. 六神상으로 子女는 부모가 늙으면 봉양(奉養)한다고 해서, 남성은 자녀를 官星으로 본다.

官星이 喜神이면 자녀가 현명하고 효성이 뛰어난 데 반해서, 官星이 忌神이 되면 말썽을 부리고 효성이 부족하다. 사주 내에 官星이 3개 이상 있으면 부모를 서로 외면하므로 말년이 고독하고 처량하다.

여성은 남성과 달리 자녀를 직접 생산하는 모체(母體)로서, 六神상으로 子女를 食神과 傷官으로 본다.

食神과 傷官이 喜神이면, 자식을 낳기도 기르기도 쉬우며, 효성이 지극한 데 반해서, 忌神이 되면 자식과의 인연이 희박하고 無情하므로서 보람을 기대할 수 없다.

古典 命理學은 傷官을 아들로 보고, 食神을 딸로 보는데 제산(霽山), 박재현 선생은 食神을 아들로 보고, 傷官을 딸로 본다. 이유는 食神은 陽이고, 傷官은 陰이기 때문이다.

時柱에 空亡이 있으면, 자식 농사를 공치고 허무함을 암시한다. 자녀를 얻기가 어려울뿐더러 설사 얻는다 해도 기르기가 힘들며 박복(薄福)하다.

그러나 空亡이 冲을 만나면 해제(解除)됨으로써 전화위복(轉禍爲福)이 된다. 하지만 온전한 자녀를 기대하기가 힘들다.

(男命)

1) 男命은 正官이 딸이고, 偏官이 아들이다. 사주 내에 偏官이 없으면 아들이 없다고 본다. 혹 생산해도 아들 덕이 없다.
2) 아버지의 띠(年支)와 子女의 띠(年支)가 三合이나 半合이 되면, 서로 화합하고 발전한다.

예를 들면 아버지의 띠가 닭(酉)띠일 때 子女의 띠가 巳, 丑, 未띠가 되면, 三合이 되어 좋은 인연이다.

양(未)띠는 지장간에 (乙)이 있고, 닭(酉)띠의 지장간에 (庚)이 있으므로 乙庚 干合이 되므로 역시 좋은 인연으로 본다.

3) 時柱에 偏財가 있으면 아들이 부자 복을 타고났다. 아래에 예시(例示)하는 사주는 故, 이병철 삼성그룹 창업자의 사주이다.

時干에 偏財가 있으면, 時上偏財 一位格이라 하여, 아들이 아버지보다 더 큰 자산가이다.

三星그룹 창업자 故, 李秉喆 會長의 命造 (時上偏財一位의 예)

(偏財)

壬	戊	戊	庚
戌	申	寅	戌

4) 男命에 傷官이 있으면, 子女 星인 官星을 剋하므로 子女 복이 없다. 그러므로 한 집에 같이 동거(同居)하면 서로 불화가 심하므로 따로 사는 것이 좋다.

5) 十二運星상으로 時支에 절(絶)이 있으면 子女와의 인연이 단절(斷絶)됨을 암시한다. 후사(後嗣)를 얻기가 어려운 동시에 설사 얻는다고 해도 기르기가 힘들다. 만일 絶이 있는데, 子女를 얻었다면 成年이 되기 전에 멀리 떠나보내는 것이 자식을 위해서 현명한 방법이다.

6) 時支나 官星이 天乙貴人이면 아들, 딸들이 출세하고 잘된다.

7) 男命이 偏官年에 입태(入胎)하면 아들이다.

8) 日支 亥水가 時支와 合이 되면, 아들이 바다(亥水) 건너 외국으로 떠난다.(예: 寅亥合)

9) 처에게 生男運이 있어도, 남편 사주에 씨(官殺)가 없으면 生男 운에 자신이 없다.

10) 日支와 時支가 合이 되면 효자를 두게 된다.

11) 부부의 月支가 月支끼리 서로 원진살(元辰殺)이나 相沖殺이 되면, 자식 두기가

어렵고, 만일 자식이 있으면 장애인, 불구자 자식을 두게 된다. 혹은 딸만 두게
된다. (원진살은 子未, 丑午, 寅酉, 卯申, 辰亥, 巳戌이다.)

12) 男命에 官殺이 혼잡(混雜)하면, 동서득자(東西得子)라 하여 배다른 자식을 두게
된다.

(女命)

1) 女命의 月支에 食神, 傷官이 있으면 子女를 쉽게 낳는다.

2) 月支에 偏印이 있으면 자식이 없거나, 난산(難産) 또는 제왕수술을 해서 낳는다.
이유는 밥그릇을 넘어트린다는 도식(倒食)이 되기 때문이다.

3) 時干에 偏印이 있으면 남의 자식을 입양(入養)하거나, 혹은 일찍 낳은 자식과는
이별한다.

4) 食神, 傷官이 혼잡하면, 이 남자, 저 남자에게서 아이를 낳을 수 있다. (東西得子)

5) 女命은 食神이 아들이요, 傷官은 딸로 본다. 이유는 食神은 陽이요, 傷官은 陰이
기 때문이다.

6) 원진살(元辰殺)이 年月日時의 地支에 모두 있으면 자식이 없다.

7) 여자 사주가 지나치게 한랭(寒冷)하거나, 혹은 지나치게 건조(乾燥)하면 자녀 두
기가 어렵다.

8) 女命, 庚日干이 사주 내에 아들이 보이지 않으면 亥年인 食神年에 아들을 생산
한다.

9) 女命에 水가 없으면, 子宮이 약하여 자녀 생산할 때 고통이 심하니 水運이 올 때
자녀를 생산하라.

10) 사주 내에 食傷이 없으면 자식 복도 없고, 생산도 어렵다.

4. 궁합운(宮合運)

1) 궁합(宮合) 인연법

궁합(宮合)은 生年의 띠(年支)를 위주로 하는 三合을 중요시한다.

三合은 亥·卯·未 木局을 비롯해서 寅·午·戌 火局, 巳·酉·丑 金局, 申·子·辰 水局이 그것이다. 그리고 많은 사람이 宮合을 오직 男女간의 결혼 위주로 생각하고 있으나, 결혼뿐만 아니고, 부모나 형제간, 자식 간의 관계와 직장 동료 또는 동업자 간의 관계에서도 적용한다.

宮合은 年支(띠)만 볼 것이 아니라, 陰陽의 조화(調和)를 이루어야 좋은 궁합이다. 예를 들어 여름 태생은, 겨울 태생을 만나야 陰陽의 조화를 이룬다. 또 겨울 태생은 여름 태생을 만나야 좋다. 서로 보완(補完)하고, 조화를 이루기 때문이다. 겨울 태생이 겨울 태생을 만나거나, 여름 태생이 여름 태생을 만나면, 陰陽의 부조화(不調和)로 반드시 좋지 않다.

배우자의 덕이 있는 사람은, 누구를 만나도 해로하고 잘 살 수 있는 데 반해서, 배우자 덕이 없는 사주는 누구를 만나도 해로(偕老)할 수 없다.

배우자의 日支에 나의 空亡이 들어 있으면, 나의 정성과 노력은 공이 없고 헛수고임을 암시(暗示)한다.

궁합을 볼 때는 반드시 참고해야 한다. 그리고 日支는 나의 배우자궁으로서 日支가 相沖이 되거나 刑殺이 되면 해로하기가 어렵다.

[절대 만나서는 안 되는 宮合]

(1) 甲木 日干과 辛金 日干

甲木은 陽木이며, 거목(巨木)이라서 强한 나무인 데 반해서, 辛金은 낫이나 칼에 비유되므로 칼은 强한 나무를 감당할 수 없다.

차라리 庚金은 도끼에 비유되므로 甲木을 쪼개어 재목을 만들 수 있는 데 반해서, 辛金으로서는 힘이 모자라 짜증만 나고 신경질만 난다. 그러므로 甲木日干과 辛金日干끼리 결혼하게 되면, 서로 반목(反目)하고 다투며, 오래 살지 못하고 헤어진다.

(2) 乙木 日干과 辛金 日干

乙木(柔木)은 부드러운 성질을 갖고 있으며, 花草나무를 뜻한다.

어린 화초를 가위나 낫으로 베 버리는 형국으로, 乙木은 辛金만 보면 기겁을 한다. 이렇게 만난 결혼은 서로 원망하고 싫어한다.

(3) 丙火 日干과 丁火 日干

丙火는 태양(太陽)으로서, 뜨거운 빛을 발산(發散)하는 데 반해서, 丁火는 밤의 촛불에 비유된다.

丁火는 촛불이므로 아침에 해가 솟아오르면 자기 존재가치가 없어지므로, 丙火(태양)를 미워하게 되고, 자기를 알아주는 어둠을 찾아 떠나게 된다.

(4) 丙火 日干과 癸水 日干

丙火는 태양이고, 癸水는 빗물(雨水)이다. 아침에 태양이 솟아오르는데 비가 내리는 형국이니, 태양으로서는 불만이 많다. 그래서 서로 원망하게 되고 미워하게 되며, 하는 일마다 어긋나니 결국 헤어지게 된다.

(5) 己土 日干과 壬水 日干

己土는 전답(田畓)흙 즉 분토(盆土)와 같으니, 비습(卑濕)하고 유약(柔弱)한 흙으로 본다.

壬水는 대강수(大江水)로서, 항상 거침없이 흐르는 강물과 같다. 그래서 己土가 壬水를 만나면, 강물에 떠내려가는 흙과 같은 형국이니 항상 불안하고 두렵다. 이것을 기토탁임(己土濁壬)이라 한다.

(6) 丁火 日干과 辛金 日干

丁火는 촛불이나 등화(燈火)로서, 약한 불(火)로 본다. 辛金은 성기(成器)로서, 만들어진 그릇이나 금반지와 같은 세공품(細工品)이다.

정성으로 만들어놓은 금반지나 그릇이므로, 불을 보면 다시 원철(原鐵)로 되돌아가니 겁을 낸다. 그러므로 辛金이 丁火를 만나는 것은 좋은 궁합 인연이 아니다.

日干과 日干끼리 相沖이 되어도, 불화(不和)와 반목(反目)이 계속되므로 좋은 인연이라 할 수 없다.

2) 결혼(結婚)은 언제 하는가

(1) 男命은 財星年과 官星年에 결혼하게 된다. 이유는 財星年은 처가 나타나는 해이고, 官星年은 子女가 나타나는 해이기 때문이다. 그러나 財星年과 官星年이 나타나는 일 년 전에, 연애 또는 중매(中媒)로 만나게 된다.

(2) 女命은 官星年과 食傷年에 결혼하게 된다. 이유는 官星年은 남편이 나타나는 해이고, 食神, 傷官年은 子女가 나타나는 해이기 때문이다. 그러나 官星年과 食傷年이 나타나기 일 년 전에 연애 또는 중매로 만나게 된다.

5. 직업운(職業運)

직업은 陰陽五行과 六神의 상호작용에 의해서 결정된다. 陰은 물질적인 부(富)를 상징하고, 반대로 陽은 정신적인 귀(貴)를 상징하므로, 자신의 지혜와 능력을 발휘하고 과시하는 명예와 지위 그리고 이름을 알리는 것이 목적이다.

六神상으로는 財星과 官星을 위주로 직업을 판단한다.

財星이 喜神이면 물질적이고 경제적인 직업이 적성이요, 官星이 喜神이면 정신적이고 권위적인 직업이 천직(天職)이다.

食神과 傷官은 財星을 생산(生産)하므로 食傷生財라고 하며, 재벌 중에는 食神生財格이 많다. 그러나 身强四柱이어야 좋다. 또한 印星은 官星을 빛나게 하므로 官印相生格이라 하여 吉 四柱로 본다.

官星은 벼슬 운이고, 印星은 결재도장으로 본다. 그러므로 官星이 있는데, 印星이 없으면 평생 공무원 팔자는 아니다.

직업을 선택하는 데 있어서 가장 중요한 것은, 사주 전체를 면밀히 분석해야 한다. 먼저 사주가 身强한지 혹은 身弱한지를 알아야 하고, 어느 六神이 喜神인지를 파악해야 한다.

예를 들어 四柱가 弱한데 財星이 旺하면, 마치 화물(貨物)은 10톤 화물인데, 1톤 소형차(小型車)로는 무거운 짐을 운반할 수 없는 것과 같다. 그러므로 적성에 맞는 식업을 선택해야 한다.

古典派 命理學者들은 時干으로 직업을 선택하는데, 이는 時柱를 담장 밖의 사회와 활동무대로 보았기 때문이다. 그러므로 時干으로 직업을 선택하는 것은, 전부일 수 없고 맞지 않는 경우가 허다하다.

1) 직업 선택법(職業 選擇法)

(1) 먼저 四柱 내에 없는 五行부터 본다. 四柱內에 없는 五行이 운명상으로 나의 직업이다.

(木) 五行이 없을 때

의류업(衣類業), 가구점(家具店), 조경사업(造景事業), 농림업, 축산업, 약초재배, 한의원, 지물포, 실내장식, 꽃집, 죽세품(竹細品), 서점, 통신사업, 방송국, 아나운서 등

(火) 五行이 없을 때

전기, 전자, 컴퓨터, 석유, 안경점, 화장품, 미용실, 이발관, 문방구, 학원, 독서실, 교사, 교수, 학자, 항공계, 난방사업 등

(土) 五行이 없을 때

부동산(땅, 건물), 농장, 도자기, 골동품, 토목사업, 건축업, 종교인, 부동산 중개업 등

(金) 五行이 없을 때

운수업, 중기차(重機車), 덤프 차, 금은방, 기계공업, 철물점, 건축설계, 악기점, 금융업, 악세사리 등

(水) 五行이 없을 때

식당, 여관, 목욕탕, 레스토랑, 커피 점, 수산업, 해운업, 양어장, 수영장, 유흥업, 무역업, 냉동업, 해산물, 횟집, 수도사업 등

(2) 四柱內에 많은 五行을 직업으로 본다.

예를 들어 사주 내에 (木) 五行이 3개 이상 있으면 위의 (1)의 직종(職種)을 참고하여 직업으로 선택하면 된다. 다른 五行도 마찬가지다.

(3) 財星五行으로 직업을 선택할 수 있다.

예를 들어 본인의 四柱에 (火)가 財星이면, 위에 적시(摘示)한 직종을 선택하면 된다.

2) 직업별 통변(職業別 通變)

(1) 年干에 正官이 있으면 법관(法官)이 목표이지만, 印星이 없으면 法官이 될 수 없다. 印星은 결재도장이기 때문이다. 그러므로 印星이 四柱 내에 없으면, 法科大

學으로 진학(進學)해도 法官은 안 된다.

(2) 命中에 羊刃이 있고 酉가 있으면, 약탕 그릇이므로 의과대학으로 진학하라.

(3) 正印이 正官을 만나면 文官(행정공무원, 판사)이요, 正印이 偏官을 만나면 武官(군인, 경찰, 검사)의 운명이다.

(4) 印星(正印/偏印)이 아무리 많아도, 官星이 없으면 비록 학문은 능해도, 공무원으로 출세하기 어렵다.

(5) 官星과 偏印이 있고, 羊刃이 있으면 法官이다.

(6) 傷官生財格은 기술직이 적당하고, 食神生財格은 무역업, 생산제조업이 적당하다.

(7) 年柱에 正官이 있고, 正印이 同柱하면 평생 공무원 팔자이다.

(8) 身旺, 財旺사주는 상공업이나 기업체를 경영한다. 그러나 身强四柱라도, 財星이 약한 四柱는 공업기술자이다.

(9) 初年大運이 財星運이면 학마살(學磨殺)이라 하여, 공부가 안 된다. 이유는 학문인 印星을 財星이 財剋印하는 때문이다.

(10) 官星이 많고, 正印이 있으면 공무원 팔자이다.

(11) 四柱 내에 刑/冲이 있으면, 직장변동이 많고 기술자이다.

(12) 四柱 내에 財星(正財/偏財)이 없으면, 大富팔자는 아니다.

(13) 男命의 天干에 甲戊庚(三貴格)이 있으면 평생 돈 속에서 사는 은행원이다.

(14) 四柱 내에 印星이 많으면, 학자(學者) 사주이다. 四柱 地支에 印星이 4개가 나란히 있으면 大學, 學長감이다.

(15) 命中에 火오행이 없으면, 공과대학에 가서 전기, 전자, 컴퓨터 공학(工學)을 전공하라. 또는 치과의사도 적당하다.

(16) 四柱 내에 正財가 있으면 월급 재산이고, 偏財가 있으면 사업가이다.

(17) 正財가 역마살 위에 있으면 무역업이다.

(18) 四柱 내에 木이 많고, 土가 많으면 농업, 부동산업이다.

(19) 月支에 食神이나 傷官이 있으면 평생 말로 먹고 산다.

(20) 命中에 木이 많으면 공부 재주가 우수하고, 火가 많으면 판단력이 좋으며, 水가 많으면 머리가 좋고 총명하다. 많다고 하는 것은 같은 오행과 육신이 3개

이상 있는 것을 말한다.

(21) 命中에 亥水나 壬水가 있으면, 海外 유학 가는 운명이다.
   유학(留學)가는 나라는 다음과 같이 선택해야 한다.

   (木)이 많은 四柱   : 일본, 호주
   (火)가 많은 四柱   : 유럽, 아프리카
   (土)가 많은 四柱   : 중국
   (金/水)가 많은 四柱 : 미국, 캐나다

(22) 命中에 食神, 傷官이 많은 사주는, 직장 생활을 오래 하지 못하고 자주 직장을 옮긴다. 즉 하극상(下剋上)의 원리이다. 이유는 직장 상사(上司)에게도 바른말 잘하고, 직언(直言)을 잘하기 때문이다.

(23) 日支에 正財가 있으면, 본인이 직장 생활을 한다.

(24) 官星은 있는데, 印星이 없으면, 관록(官祿) 즉 공무원 팔자는 아니다. 印星은 결재도장으로 본다.

(25) 印星은 공부 재주인데, 印星이 없는 사주는 공부가 안 된다. 또한 偏印大運이나 偏印年에도 공부가 잘 안 된다.

(26) 偏財는 있는데, 官星이 없으면, 큰 사업가는 못 된다. 왜냐하면 官星은 法이고, 보호자, 관리자로 보기 때문이다. 아무리 돈을 많이 벌어도 관리자가 없으면 다 빠져나간다.

(27) 財星은 있는데 食神이 없으면 생산, 제조업은 안 되고 中富그릇이다.

(28) 正財는 창고가 작아서 월급 생활이 적당하고, 小富 팔자이다.

(29) 正官이 合이 되면, 正官이 弱해져서 공무원, 고시(考試) 합격은 힘들다.

(30) 月支 食神은 문가(文科)이고, 傷官은 이과(理科) 계통이다.

(31) 四柱 내에 金오행이 많으면, 군인이나 경찰, 치과의사가 많다.

(32) 四柱 내에 水가 없으면, 西江大學, 木이 없으면 고려대학, 단국대학, 동국대학, 부산의 동의대학으로 진학하는 것이 좋다.

(33) 四柱 내에 財星이 없으면, 사업 운은 없으니 직장 생활을 하라.

(34) 月支에 正印이 있으면, 물질이나 사업과는 인연이 없고, 학문과 학자 체질이다.

(35) 四柱 내에 食傷이 없으면, 생산제조업은 안 된다.

(36) 月支에 食神이 있으면, 창의력과 상업 수단이 많고, 月支에 傷官이 있으면, 외교 능력과 발표 능력이 좋다.
月支 偏官은 권력성분과 지도력이 있고, 月支 偏財는 본인의 능력으로 사업을 하게 되고, 大富가 되는 팔자이다.

(37) 四柱 내에 官星이 없으면 학자, 교수는 안 된다.

(38) 四柱 내에 (金)오행이 없으면, 치과의사나 귀금속, 건축설계, 액세서리, 기계류, 철물 특히 덤프트럭 등이 적성에 맞는다.

(39) 天干에 偏財가 있으면 직장을 버리고 사업 쪽으로 간다.

(40) 偏財가 四柱 내에 없으면, 사업 운은 없다.

(41) 偏官은 있는데 印星이 없으면 考試 합격은 안 된다.

(42) 偏財가 天干에 있으면, 100억 부자이고, 地支에 있으면 50억 부자이며, 偏財가 지장간에 있으면 돈과 토지로 숨은 부자이다.

(43) 四柱 地支에 戌亥 天門이 있으면 종교를 믿어라.

(44) 偏財가 天干에 있으면, 주식회사, 상장기업이 되고, 偏財가 地支에 있으면, 중소기업 또는 상업, 도매상 그릇이다.

(45) 正印이 天干에 있으면 서울대학교에 간다.

(46) 四柱 내에 正財, 偏財가 혼잡하면, 전문성이 약하여 기업가가 될 수 없고, 본인의 전공이 아닌 생소(生疎)한 직업을 갖게 된다.

(47) 5월의 木은 水가 있어야 무성하게 자라고, 土가 있어야 뿌리가 단단하므로 水業(식당, 여관, 목욕탕, 횟집) 土業은 토지, 건물, 부동산, 건축업 등이 적당하다.

(48) 正官이 天干에 있으면 高官(理事 이상)이고, 地支에 正官이 있으면 中官(과장 이상) 계급이다.

(49) 命中에 正財가 하나만 있으면, 봉급생활이 적당하고, 正財가 2개 이상 있으면 偏財가 되므로 직장 생활하다가 사업을 하게 된다.

(50) 食神은 財를 만드는 지혜인데, 傷官은 財를 만드는 것이 아니라 돈을 만드는
　　 재주를 받은 것이다.

(51) 月支에 卯木이 있으면, 붓과 인연이 있으므로 종이와 글과 인연이 있다.

(52) 正官이 天干에 있으면 장군(將軍)이 되고, 地支에 正官이 있으면 영관(領官)급 계
　　 급이다.

(53) 月支는 사회 자리인데, 亥水가 있으면, 바다와 선박과 인연이 있으며, 해외 유
　　 학과도 인연이 있다.

(54) 四柱에 金이 없으면 西門, 즉 예수교와 인연이 있다.

(55) 癸水는 적은 물이라 차(茶), 빙과(氷菓), 음식, 술인 데 반해서 壬水는 큰물이라
　　 목욕탕, 양어장, 풀장 등이다.

(56) 財星(돈)에 印星(결재도장)이 있으면, 금융계로 진출한다.

(57) 正官이 天干끼리 합이 되면 정치(政治)에 입문한다.

(58) 天干에 偏官이 있으면 장교(將校)요, 地支에 偏官이 있으면 상사(上士) 계급이다.

(59) 四柱 내에 財星이 없어도 偏財大運이 오면 사업해도 된다.

(60) 지장간에 숨어 있는 財는 사업가가 못 된다.

(61) 時柱에 偏財가 있으면 아들이 부자 복을 타고났다.

6. 사망시기(死亡時期)

1) 대개 大運의 교운기(交運期)에 사망한다.

가령 대운수(大運數)가 5大運이고, 현재 75세로서 와병(臥病) 중인 환자라면 75세 大
運 前後인 74세, 75세, 76세 때 사망 위험이 높다고 본다.
특히 75세 때가 더 위험하다.
비록 吉한 用神 大運이라 하더라도 피할 수 없다. 물론 건강에 크게 이상이 없는

靑少年을 제외하고 노약자(老弱者)인 경우에 해당한다.

예 1: 故, 李秉喆 三星그룹 창업자 命造

				78	68	58	48	38	28	18	8
壬	戊	戊	庚		丙	乙	甲	癸	壬	辛	庚	己
戌	申	寅	戌		戌	酉	申	未	午	巳	辰	卯

故人은 교운기(交運期)인 78세, 丙戌大運에 와병(臥病)으로 작고하였다.

2) 대개 用神이 合이 되는 大運에 사망한다. 소위 용신합거(用神合去)라고 표현하는
데, 본인의 소중한 충신(忠臣)이요, 대리인 격인 用神을 合하여 본인을 버리고 떠
나간다는 뜻이다.

예 2: 1916년 4월 11일 巳시생 (乾命)

				58	48	38	28	18	8
己	己	癸	丙		己	戊	丁	丙	乙	甲
巳	酉	巳	辰		亥	戌	酉	申	未	午

本命은 己 日干이 巳月에 生하여 帝旺이므로 得令하였는데, 命中 天干에 丙己가 透
干하고, 地支에 巳가 2개, 辰土가 있어 身旺四柱이다. 巳月의 己土는 조열(燥熱)하고
건조(乾燥)하므로 조후(調候)가 急한데, 月干의 癸水가 用神이 된다. 48세, 戊戌 大運,
庚戌年에 死亡하였다.
  戊戌 大運은 用神인 癸水와 戊, 癸 干合이 되고, 戌年은 忌神인 土運을 다시 만났기
때문이다.

예 3: 1923년 11월 18일 子時생 (坤命)

				54	44	34	24	14	4
壬	壬	甲	癸	庚	己	戊	丁	丙	乙
子	申	子	亥	午	巳	辰	卯	寅	丑

壬水가 11月, 寒冬節에 生하여 調候가 급한데, 四柱 내에 火土가 없어 해동(解凍)이 안 된다.

木, 火가 喜神이고 燥土(戌未)가 있어야 습수(濕水)를 제거(除去)하여야 하는데, 火가 사주 내에 없으므로 용신으로 쓸 수 없다. 그러나 月干에 甲木이 있어 旺水를 泄氣시키므로 用神이 된다.

왕자호설(旺者好泄)이라 하였으니, 强한 것을 설기(泄氣)하는 甲木을 用神으로 삼는다.

특히 女命은 用神을 남편으로도 본다. 그런데 44세, 己 大運에 용신인 甲木과 己土가 甲, 己 干合이 되어 1940년, 庚辰年 戊寅月에 남편이 死亡한 것이다.

庚辰年의 庚은 甲庚冲이 되고, 戊寅月의 寅은 日支 夫宮인 申金과 寅申冲이 되었다. 本命은 위에서 例示한 丙辰生의 妻 四柱다.

3) 四柱의 月柱와 大運이 天地冲이 될 때 생명이 위험하다. 月柱는 四柱의 네 기둥 중에 가장 왕성(旺盛)한 천기(天氣)를 타고 태어났기 때문이다.

예 4: 乾命 음력 1962년 5월 29일 午시생

				62	52	42	32	22	12	2
庚	己	丙	壬	癸	壬	辛	庚	己	戊	丁
午	亥	午	寅	丑	子	亥	戌	酉	申	未

위 사주는 月柱가 丙午月인데, 52세 壬子 大運에 天地冲이 되어 2018년, 戊戌年에

심장마비로 입원 중에 사망하였다.

丙 日干이 5월 염하절(炎夏節)에 태어나 年干 壬水가 用神인데, 戊戌年에 사주 내에 있는 寅午와 戌年이 寅·午·戌 三合 火局을 이루어 旺한 月支 午火를 相沖하여 用神 大運인데도 사망하게 된 것이다.

4) 食神을 수명성(壽命星)이라 하는데, 食神은 偏印 大運이나 偏印年에 생명이 위험하다.

5) 庚金이 用神인 사람은 子 大運에 사망하기 쉽다. 庚金이 子를 만나면 十二運星상으로 死地가 되기 때문이다.

6) 年柱와 日柱가 같을 때, 즉 甲午年生이 甲午日에 태어난 경우로서, 여성은 보통 남편이 먼저 세상을 떠나게 된다.

7) 身弱四柱인데, 日柱와 歲運이 天地沖이 되는 해에 사망하기 쉽다.

8) 사고사(事故死), 또는 횡사명(橫死命)은 十二運星상 死, 墓, 絶, 刑殺, 相沖되는 달 (月)에 사망하기 쉽다.

제10장

대운(大運) 보는 법

◆◆◆

　四柱는 先天的으로 타고난 陰陽五行이요, 大運은 계절의 변화에 따라 後天的으로 나타나는 陰陽五行이다. 1년은 3개월마다 春, 夏, 秋, 冬 4계절이 바뀌는 데 반해서, 大運은 10년마다 바뀐다. 그러므로 大運은 30년 단위로 春, 夏, 秋, 冬 4계절이 변한다.

　四柱는 설계도(設計圖)이고, 大運은 사회 환경이다. 四柱가 아무리 좋아도 大運의 흐름이 不吉하면 不運한 팔자이다. 그래서 사주 불여대운(四柱 不如大運)이라 하였다. 四柱八字는 그 사람이 타고난 숙명(宿命)이 어떠한가를 보는 움직이지 않는 그림, 즉 구상화(具象畵)이다.

　大運은 그 사람에게 약속된 사회 환경이 계절의 변화에 따라 움직이고 변화하는 運命으로 본다. 다시 말하자면 四柱八字는 정적(靜的)이고, 行運(大運, 歲運, 月運, 日辰)은 항상 쉴 새 없이 변화하므로 동적(動的)이라 표현한다. 그래서 옛말에 四柱 자랑하지 말고, 大運 자랑을 하라고 한 것이다.(四柱不如 大運)

　예를 들어 四柱를 차(車)에 비유한다면, 大運은 도로(道路)의 환경으로 본다. 車가 비록 낡았어도 도로 사정이 순탄하면 잘 달릴 수 있고, 아무리 고급 차라도 길이 험하면 달릴 수 없는 것과 같다.

1) 大運을 10년씩 나누어 보는 법과, 天干, 地支를 각각 5년씩 나누어 보는 법이 있으며, 또한 大運의 地支를 위주로 판단하는 법 등 여러 가지 설이 있으나, 임상(臨床)해 본 결과 天干 5년, 地支 5년으로 나누어 보는 것이 정확하다고 본다.

　天干은 꽃의 열매(花實)로 보고, 地支는 뿌리(根苗)에 해당하므로, 꽃잎은 시들어도 뿌리는 생명을 유지하므로 天干을 30%로 본다면 地支는 70%로 더 강하게 본다. 그래서 大運의 길흉(吉凶)을 볼 때, 地支 위주로 판단하고 天干을 참고하는 것이 옳다고 본다. 이유는 地支의 변화는 계절(季節)의 변화이기 때문이다.

2) 사주는 用神 大運으로 吉凶을 참고하되, 중요한 것은 官印 大運과 食財 大運으로 구분하여 喜忌를 판단하여야 한다.

3) 가령 水 五行이 재물운이라면, 土 大運이나 土 歲運에는 손재(損財)하고 고통이므로, 절대 사업하면 실패하는 운이다. 또한 木 五行이 재물 복이라면 金 大運에 사업하면 반드시 실패한다.

4) 正印 大運에는 공부나 직장운이므로 사업하면 안 된다.

5) 正財 大運에는 직장운이고, 妻가 나타므로 결혼하는 운이다.

6) 偏財 大運은 직장 생활하다가도 사업을 하게 되는 운이다.

7) 比, 劫 大運에는 반드시 손재(損財)와 고통이 따르니 절대 사업하면 실패한다. 比劫年에도 마찬가지로 손재를 보는 운이다.

8) 火가 財星이면 木, 火 大運에 발전한다. 즉 木은 食神 運이요, 火는 財星 運으로 食神 生財하기 때문이다.

9) 大運은 空亡을 적용하지 않는다.

10) 大運이 日柱를 天地冲하면 대흉(大凶)하다. 예를 들면 丙申 日柱가 壬寅 大運을 만나거나 壬寅年을 만나면 天地冲이 되어 아프거나 수술하게 되며 생명이 위험하다. 특히 壬寅年 巳月은 寅 巳 申 三刑이 완성되므로 巳月에 수술하거나 생명이 위험하다.

11) 寅・巳・申, 丑・戌・未 刑殺이 大運이나 年運, 月運, 日柱 등에 모두 나타나면 사건이 발생한다.(예: 甲寅 日柱가 乙巳 大運, 甲申年을 만날 때, 三刑殺이 완성된다.)

12) 大運은 사회 환경 운이요, 年運은 개인 운세이다.

13) 末年 大運에 財星 運이 오면 子孫 자리의 발전 운이다.

14) 四柱 내에 火 오행이 많은데, 火 大運을 만나면 신병(身病)이 있거나 실패한다.

15) 乙酉 日柱 즉 乙木 日干이 金 오행위에 앉아 있으면 金 大運에 손재와 신병이 격정된다.

16) 偏財 大運은 사업 운으로 발전하나, 正財 大運은 직장 運이므로 사업하면 실패한다.

17) 丙火, 丁火 日干이 大運에서 金 大運을 만나면, 偏財運(재물)을 만나 大吉한데,

土 大運(食神運)과 水 大運(官星運)도 吉하다. 이유는 食神 運은 金(財星)을 生하여 食神生財하므로 좋고, 水는 官星으로 火(比劫)를 제거(除去)하여 金을 온전하게 보호하기 때문이다.

18) 사주 내에 財星이 없어도 偏財 大運이 오면 사업을 해도 된다.

19) 眞傷官格은 傷官 大運에 사망하기 쉽다.

20) 大運과 歲運이 天地冲이 되면 사망하기 쉽다. 예를 들면 己酉 大運이 乙卯年을 만나면 天地冲이 된다.

21) 女命은 官星 大運이나 官星年을 만나면 결혼하게 된다.

22) 初年 大運이 財星 大運이면, 공부가 안 되므로 大學에 진학할 때, 二流大學이나 전문대학으로 지원하거나 아니면 재수(再修)해야 한다.

23) 日支와 相冲이 되는 大運에는 부부가 5년간 따로 산다.

24) 比肩, 劫財 大運에는 절대 사업하면 안 된다. 반드시 실패한다.

25) 食神, 傷官 大運에는 생산 활동하는 운이다.

26) 官星 大運에는 직장 생활하는 운이다. 사업하면 안 된다.

27) 印星大運에는 학문연구나 직장 생활하는 운이다.

28) 男命은 官星 大運에 출마(出馬)하면, 비록 忌神 大運이라 할지라도 당선된다.

예 1. 文在寅 전 대통령 命造

					74	64	54	44	34	24	14	4
丙	乙	癸	壬		辛	庚	己	戊	丁	丙	乙	甲
子	亥	丑	辰		酉	申	未	午	巳	辰	卯	寅

文在寅 전, 대통령은 12月, 한동절(寒冬節)에 태어나 時干의 丙火가 용신이다. 조후법(調候法)상으로 木火運은 喜神 大運이고, 金 水運은 忌神運이다. 64세, 庚申 大運은 忌神 大運인데도 官星 大運을 만나 대통령에 당선되었다.

제11장

세운(歲運) 보는 법

歲運은 1년간을 主管(주관)하고 다스리는 君王으로서, 세군(歲君)이라고 한다. 大運은 地支의 오행이 기본인 데 반해서, 歲運은 天干의 五行과 六神이 기본이다. 大運은 마치 무역하는 항구(港口)와 시장(市場)을 상징한다.

　　歲運은 항구와 시장(市場)을 관리하는 관리자(管理者)를 상징한다. 市場을 상대하는 장사꾼은 관리자의 지시에 따라야 한다.

　　歲運은 天干 위주로 보는데 즉 甲, 乙, 丙, 丁, 戊, 己, 庚, 辛, 壬, 癸가 세군(歲君) 노릇을 한다. 歲運 天干이 喜神이면 만사형통(萬事亨通)하지만 忌神이면 사사건건 되는 일이 없고 만사불통이다.

　　특히 歲運과 日柱가 天地冲, 天地合, 天地同이면 거의 결정적인 재난(災難)과 수난(受難)이 동반한다. 가령 壬午年이나 甲寅年이면 壬水와 甲木이 歲君이다. 壬水는 午에 十二運星상으로 태(胎)가 되니 극도로 허약하고, 甲木은 寅이 建祿이 되니 극도로 왕성하다. 다시 말하면 歲君이 앉아 있는 자리(地支)에 따라 歲君의 旺衰를 판단하는 것이다.

1) 歲君은 1년을 통제(統制)하는 君王(임금)이요, 大運은 신하(臣下)이다. 그러므로 歲干이 日干을 剋하면 재화(災禍)가 경미하나, 日干이 歲干을 극하면 재화(災禍)가 重하다. 예를 들면 甲 日干이 庚年을 만나면 歲運, 庚金이 日干인 甲木을 剋하게 되므로 임금이 신하를 제도(制度)하는 격이라 순리(順理)로 본다. 그러나 반대로 壬 日干이 丙年을 剋하면 신하가 임금을 剋하여 下剋上이 되어 災禍가 重(중)하다.

예: 乾命

	57	47	37	27	17	7

乙 壬 丁 乙   辛 壬 癸 甲 乙 丙
巳 申 亥 丑   巳 午 未 申 酉 戌

37세, 癸未 大運, 丙寅年에 壬 日干이 丙年을 剋하였다. 또한 日支 申이 寅年을 극하여 신하(壬申)가 丙寅年을 冲하였으니 歲君이 대노(大怒)하였다. 그리고 寅·巳·申 三刑이 되어 비명횡사(非命橫死)하였다.

2) 歲君이 大運(신하)을 剋冲하면 재화가 가벼우나, 반대로 大運이 歲君을 剋冲하면 大凶하다.

3) 大運과 歲運이 相生하면 서로 화목(和睦)하므로 吉하다.

4) 大運이 歲運을 剋冲하고, 日干까지 剋冲하면 집 안에 상사(喪事)가 있고 손재하며 고통이 따른다.

5) 歲運이 四柱의 生時를 剋하거나, 生時가 歲運을 剋하면 슬하의 자녀에게 화가 미친다.

6) 大運의 흐름이 喜神地로 향하고 있으면 歲運이 비록 忌神運이라도 小凶으로 본다.

7) 四柱 내의 喜神이 歲運과 大運에 같이 들어오면 大吉 운이다.

8) 종격(從格)인 경우, 종격의 喜神을 大運이나 歲運에서 刑冲하면 십중팔구 死亡한다. 마치 旺者를 弱者가 冲剋하는 경우와 같다.

9) 日干이 歲運의 天干을 剋冲하면 사업부도, 집안의 상사(喪事)가 일어난다.

10) 日支가 歲運의 地支를 剋冲하면 부부 이별, 관재구설, 교통사고를 당하기 쉽다.

11) 歲運은 임금이요, 大運은 신하이며 四柱는 지배인 격이다.

제12장

공망론(空亡論)

◆◆◆

空亡은 아무런 작용을 못하는 궁지(窮地)로서, 헛수고한다는 뜻으로 空亡은 문자 그대로 空치고 亡하며, 아무런 작용을 못하는 사각지대(死角地帶)를 말한다. 일본에서는 空亡殺을 천중살(天中殺)이라고 하여 매우 싫어하고 기피한다.

十干, 十二支로 구성된 天干, 地支는 모두 60개다. 이를 六十甲子라고 한다. 十干, 十二支를 같이 순서대로 배열하면 두 개가 남는다. 즉 甲子旬 중에 戌亥가 빈자리가 되는데 이것을 空亡이라 한다.

空亡은 저마다 같은 순(旬)을 중심으로 달리한다. 동순(同旬)은 공망이 같으며, 이순(異旬)은 공망이 다르다.

꼭 기억할 것은 공망은 地支에 공망이 있으면 同柱하는 바로 위의 天干도 공망으로 본다는 것을 명심하기 바란다.

예를 들어 甲子旬 중에는 戌亥가 공망이 되고, 甲戌旬 중에는 申酉가 공망이며, 甲申旬 중에는 午未가 공망이고, 甲午旬 중에는 辰巳가 공망이며, 甲辰旬 중에는 寅卯가 공망이고, 甲寅旬 중에는 子丑이 공망이 된다.

만일 父母궁인 年柱에 공망이 있으면 부모덕이 없음을 상징하듯이, 兄弟 궁인 月柱에 공망이 있으면 형제 덕이 빈약함을 의미한다. 子女궁인 時柱에 공망이 있으면 자식 덕이 없음으로서 자식을 얻기가 어려운 동시에 설사 자식을 얻는다 해도 애만 쓰고 보람이 없다.

空亡을 가장 두려워하는 것은 宮合이다. 배우자는 日支를 기본으로 한다. 상대방의 日支에 나의 空亡이 들어 있으면 상대방이 배우자 노릇을 제대로 하지 못함을 의미한다.

나의 空亡이 상대방 日支에 있으면, 나는 아무리 성실하고 애를 써도 상대방이 배우자 구실을 하지 못함으로 공치고 헛수고함을 암시한다. 내가 상대방의 空亡을 日支에 지니고 있으면 상대방은 성실하나 내가 불성실함으로서 상대방이 공치고 헛수고함을 암시한다.

空亡은 大運에는 적용하지 않는다. 그러나 年運과 月運, 日辰에는 작용력이 두드러지게 나타나며, 이때는 애는 쓰지만 공이 없는 동시에 모든 일이 순탄하지가 않다. 이것을 유체무록(有體無祿)이라 한다.

따라서 상대방과 중요한 거래를 하거나, 행사를 할 때에는 空亡年, 空亡月과 空亡이 드는 날을 피하는 것이 현명하다.

空亡은 특히 공망 달과 공망 날에 작용력이 더욱 큰데, 중요한 행사 즉 결혼, 이사, 개업, 사업 변동 등은 평생에 걸쳐 꼭 피해야 한다. 반드시 후회하게 된다. 그동안 많은 사람의 사주를 임상한 결과, 空亡에 해당하는 年, 月, 日에 결혼하거나 이사, 개업, 사업 변동 등을 한 사람들은 예외 없이 불행한 것을 많이 보았다.

오래전에 일본인 화천(和泉) 선생이 쓴 책 『天中殺(空亡殺)』을 사 보았는데 너무나 충격적이었다.

空亡인 年, 月, 日에 결혼한 부부를 추적 조사한 결과, 100명 중에 96명이 이혼 혹은 별거 중이었고, 나머지 4명은 이미 死別하였다고 했다. 그 책이 선풍적인 인기를 얻자, 일본 방송에서 방영하여 절찬을 받았다고 한다.

* 空亡에 대한 요점을 정리하면 다음과 같다.

1) 空亡은 日柱를 기본으로 보지만, 年柱의 공망도 참고로 본다.
2) 空亡은 일상생활과도 직결(直結)된다. 가령 寅卯가 공망인 사람은 음력 1월, 2월은 평생 (해마다) 결혼, 이사, 개업, 사업 변동 등을 절대 하지 말아야 한다. 또한 寅卯는 東方을 뜻하므로 동쪽으로 이사를 가거나, 활동무대를 선택하는 것은 피하는 것이 상책이다.
3) 大運에서 만나는 공망은 인정하지 않는다.
4) 年柱 공망
   부조(父祖)의 유산(遺産)을 상속받지 못하고, 또한 직업 변동, 주거 변동이 자주 일어난다.

5) 月柱 공망

형제 덕이 없고, 고향을 떠나 살며 고독한 생활을 한다.

6) 日柱 공망

부부 복이 없고, 심한 경우 부부이별하며, 본인 역시 발전이 없다.

7) 時柱 공망

남녀 불문하고 子女 덕이 없고, 본인의 말년 운이 고독하다.

8) 男女의 日柱가 같은 空亡이면, 同旬이기 때문에 오히려 좋은 인연으로 본다. 예를 들면 남편의 공망이 辰巳인데, 배우자(처)의 공망도 辰巳인 경우를 말한다. 또한 가족이나 同性끼리라도 공망이 같으면 사이가 좋다.

9) 官星이 공망이면 남녀 불문하고 고시(考試) 운이 없다. 또 한 자존심이 상하고, 직장에서는 아래 사람을 무시한다.

10) 日時에 공망살이 있으면 부부이별과 자식 덕이 없다. 또한 日時에 공망이 있으면 유명 역술인(朴在玩)이나 스님, 무당 등이 많다.

11) 地支가 공망이 되면 天干 역시 공망으로 본다.

12) 부부의 日柱가 같은 공망이면 좋은 인연으로 보며 평생 백년해로한다.

13) 담판, 경쟁, 소송, 중요한 약속 등은 상대방의 공망 일을 택하면 내가 반드시 이긴다.

14) 사주 내에 공망이 많으면 관직(官職)이 높지 못하고, 종교계에 진출한다.

15) 六神으로 보는 空亡

(1) 比劫 공망

형제 덕이 없다. 매사가 뜻대로 되지 않으므로 기회가 올 때까지 참고 기다려야 한다.

(2) 食神 공망

재물 복이 없다. 그리고 女命은 子女 인연이 적고, 유산(流産)이 잘 된다. 사주 내에 食傷이 전혀 없는 사람은 눈치가 빠르고 재치가 많으며 임기응변에 능하다.

(3) 傷官 공망

女命은 산액(産厄)은 있으나, 官星인 남편을 剋하지 못하므로 부부가 오히려 해로한다.

(4) 財星 공망

금전의 애로가 많고, 남자는 늦게 결혼한다. 재정(財政)과 관련된 직장에 뜻이 있고, 돈 욕심은 많다.

(5) 官星 공망

男命은 子女가 적고, 女命은 남편 복이 없으며 늦게 결혼한다. 영웅심이 강하고 자식 덕이 없다.

(6) 印星 공망

부모덕이 없고, 셋방살이를 한다. (印星은 주택으로 본다) 어머니에게 효도하고 복종해야 공망살이 사라진다. 교육, 학문, 자선사업, 의술, 역학과 인연이 있다.

제13장

삼재론(三災論)

1) 三災는 입삼재(入三災), 복삼재(伏三災), 출삼재(出三災)로 3년간 들어온다.

申·子·辰 生(띠) ······ 寅·卯·辰 年

亥·卯·未 生(띠) ······ 巳·午·未 年

寅·午·戌 生(띠) ······ 申·酉·戌 年

巳·酉·丑 生(띠) ······ 亥·子·丑 年

첫　해　입삼재(入三災) ········ 驛馬三災로서 이동, 변동의 해이다.

둘째 해　복삼재(伏三災) ········ 재화(災禍)가 많은 해이다.

셋째 해　출삼재(出三災) ········ 凶大運이면 반드시 大凶하다.

그러나 구신(救神)이 있으면 小凶이다.

2) 三災는 大運과 年運이 吉하면, 三災가 들어와도 3배의 좋은 경사(慶事)가 일어난다. 이것을 소위 福三災라고 한다.

3) 三災는 大運이 凶運이고, 망신살(亡身殺), 겁살(劫殺), 재살(災殺) 등이면 아프거나 재산을 파한다. 災殺은 일명 수옥살(囚獄殺)을 말한다.

4) 三災가 들어오는 年, 月에는 뜻밖의 재난을 당하거나, 혹은 금전 거래를 하지 않는 것이 좋다.

제14장

신살론(神殺論)

◆◆◆

　神殺은 복(福)을 주는 吉神과 재난(災難)과 흉살(凶殺)을 안겨주는 흉살(凶殺)을 습하여 神殺이라 부르는 것이다. 神殺은 약 124종이 넘는데, 그중에서 실제로 현장에서 경험해 본 결과, 활용할 만한 것만 간추려서 해설하기로 한다. 神殺은 年支를 기준하여 보고, 다음으로 日支를 참고로 본다.

　자강(自疆) 이석영(李錫暎) 선생은 그가 쓴 『사주첩경(四柱捷徑)』에서 주로 神殺 위주로 해설하고 있는데 일독(一讀)을 권한다.

　더 자세한 것은 『삼명통회(三命通會)』나 『신살전서(神煞全書)』를 참고하기 바란다.

1. 수옥살(囚獄殺) (災殺)

　亥·卯·未　生(띠)이　　酉를 보고
　寅·午·戌　生(띠)이　　子를 보며
　巳·酉·丑　生(띠)이　　卯를 보고
　申·子·辰　生(띠)이　　午를 볼 때 성립된다.

　囚獄殺은 납치(拉致), 구금(拘禁), 구속(拘束), 송사(訟事), 관재구설(官災口舌) 등이 발생하며, 범죄를 저질러서, 심한 경우 교도소를 가는 신세가 된다는 흉살(凶殺)을 말한다.

　그러나 수옥살은 반드시 감옥에 간다는 뜻만이 아니고, 병원에 입원하거나, 종교인으로서 종교에 몸을 의탁하는 것도 이 살에 해당한다. 歲運에 수옥살이 들어오면 관재구설을 당하게 된다. 특히 正印年에 수옥살이 들어오면 구속을 피할 수 없다.

1) 수옥살(囚獄殺)의 발동시기(發動時期)

수옥살이 冲이 되는 해(年)는, 合이 되는 달(月)에 송사(訟事)나 구속(拘束)을 당한다. 그러나 命中에 수옥살이 2개 이상 있으면 오히려 권력기관(權力機關)에 종사하는 경우가 많다. 그러므로 간명(看命)할 때, 신중해야 한다.

(1) 年支 囚獄殺

年支에 수옥살이 있으면 도난과 실물(失物), 관재구설(官災口舌)이 항상 따르고 질병에도 조심하여야 한다.

(2) 月支 囚獄殺

月支에 수옥살이 있으면 도난과 실물(失物), 관재(官災)가 따르고 부모, 형제 중에 교통사고로 인하여 병원에 입원하는 신세가 된다.

(3) 日支 囚獄殺

부부간에 불화로 인하여 갈등이 생기고, 심하면 부부간에 송사(訟事)가 일어나고, 이혼하거나 별거(別居)하게 된다.

(4) 時支 囚獄殺

子女에게 관재구설이 생기고, 말년에 신병(身病)으로 고생한다.

2. 백호대살(白虎大殺)

사주 어디에 있든지 甲辰, 乙未, 丙戌, 丁丑, 戊辰, 壬戌, 癸丑 등이 있으면 이에 해당된다. 命中에 이 살이 있으면 혈광사(血光死), 총사(銃死), 자살(自殺), 횡사(橫死), 병사

(病死), 객사(客死), 산망사(産亡死), 암(癌), 교통사고 등이 따르고, 피를 토하며 죽는 경우도 있다.

命中에 백호대살이 있으면 혈광사(血光死)라 하여 피를 본다는 대흉살(大凶殺)로서 교통사고나 심장, 혈압 등으로 급사(急死)하거나 악사(惡死)하는 흉살이다.

특히 백호대살에 해당하는 六親이 피해를 보게 된다. 만일 偏財에 배호대살이 앉아 있으면 父親이나, 妻妾의 凶死라고 보며, 官星이 백호대살이면 男命은 자식이 흉사(凶死)를 당하거나, 女命은 남편이 凶死한다는 大凶殺이다.

食神, 傷官이 백호대살이면, 女命은 子女가 凶死하거나 또는 제왕수술)帝王手術)한다. 比肩, 劫財가 백호대살이면 본인이 흉사하거나 형제자매 중에 흉사한다.

1) 白虎大殺의 발동시기(發動時期)

백호대살이 冲을 만나는 해(年)는 백호대살이 冲을 당하는 달(月)에 흉사(凶事)가 일어난다.

(1) 年柱 백호대살
年柱에 백호대살이 있으면 부모가 흉사하거나 단명(短命)하고, 年支에 해당하는 육친도 위와 같은 피해를 보게 된다.

(2) 月柱 백호대살
형제자매(兄弟姉妹) 중에 불구자가 있거나, 단명하기 쉽고 혈광사(血光死)한다.

(3) 日柱 백호대살
부부간에 生死이별하거나, 본인이 불구자인 경우가 많고 단명 팔자이다.

(4) 時支 백호대살

子女 중에 유산(流産)이 되거나 단명한 아이가 있고, 자식이 교통사고를 당하는 경우가 많다. 또는 무자식(無子息)인 경우도 있다.

3. 귀문관살(鬼門關殺)

子酉, 丑午, 寅未, 卯申, 辰亥, 巳戌 등인데, 원진살과 동일하나 子酉, 寅未만이 다르다. 귀문관살이 성립되려면, 반드시 日支에 귀문관살이 하나 있어야 하고, 또 다른 地支에도 하나 있어야 성립된다.

다른 地支에 있어도 日支에 없으면 성립될 수 없다. 이 殺이 있으면 신경쇠약증(神經衰弱症)이 있거나, 우울증 혹은 정신이상 증세가 있고, 근친간(近親間)에 상간(相姦)하거나 미친 짓을 한다.

귀문관살에 해당하면 우울증에 걸리기 쉽고 잠을 이루지 못하고 고민하게 되고, 심한 경우 自殺을 기도하기도 한다. 이 살의 특징은 변태적(變態的) 기질이 있고, 신경쇠약증이나 정신이상 등으로 불면증, 히스테리, 노이로제, 못된 꿈에 시달리게 된다.

日時에 귀문관살이 있으면 변태성이 있거나 불감증이 있는 사람과 인연이 있으며, 자식으로 인한 걱정과 불효자식을 두게 된다.

木 日生이나 火 日生이 身弱四柱인데, 귀문관살이 日支에 있고, 他支에 또 있으면 정신이상에 걸려 본다.

男命에 財星이 귀문관살이 되거나, 女命에 官星이 귀문관살이면 그 배우자가 변태성이거나 정신이상이 있고, 혹은 동성동본(同姓同本)끼리 애정 관계가 있게 된다.

歲運에도 적용하여 보는데, 예를 들면 丑 日生이 午年을 만나면 정신이 피곤하고 미친 행동을 하게 된다. 또 申 日生이 卯年을 만나도 귀문관살로서 같은 행동을 하게 된다.

4. 원진살(怨嗔殺), (一名 元辰殺)

子未, 丑午, 寅酉, 卯申, 辰亥, 巳戌 등으로 구성된다. 이 살이 四柱 내에 있으면 不和가 생기고 서로 원망하며, 이별과 고독하며 억울함을 나타낸다.

1) 日時에 元辰

부부간에 변태성욕자이고, 子女에 대한 근심이 있으며, 말년이 고독하고 불효자식을 두게 된다.

2) 日月에 元辰

부모형제와 이별하고 서로 원망하며, 환경에 대한 불만이 많으며, 부부간 애정에도 문제가 있다.

3) 年月에 元辰

父祖간에 불화하거나 각각 따로 살게 되고, 혹은 父母간에도 애정의 풍파가 있다. 부모는 자녀와 별거(別居)하는 것이 좋다.

子未, 丑午, 元辰은 더욱 그 작용력이 크다. 歲運에서 元辰이 들어와도 동일하게 작용하고 구설수가 생기고 직장 변동, 가정불화가 발생한다.

女命에 元辰이 있으면 정조(貞操) 관념이 희박하고, 사통(私通)하며 간통(姦通)을 한다. 항상 예법(禮法)을 지키지 않고 일생 재앙(災殃)이 따르며, 吉事가 적고 자식은 불효하다.

5. 고진살(孤辰殺)

寅·卯·辰	年/日 生이	巳를 보고
巳·午·未	年/日 生이	申을 보며
申·酉·戌	年/日 生이	亥를 보고
亥·子·丑	年/日 生이	寅을 볼 때

고진살(孤辰殺)은 年支를 기준으로 月支, 日支, 時支를 보고, 다음으로 日支를 기준으로 年支를 참고로 본다.

男命에 고진살이 三刑(寅·巳·申/丑·戌·未)이 되면, 고진삼형(孤辰三刑), 괘관삼방(掛冠三房)이라 하여, 세집을 드나든다는 뜻으로 세 여자와 바람을 피운다고 한다. 男命은 상처(喪妻)하거나 생이별 등 고독한 사주이다.

특히 日時에 寅·申·巳·亥가 고진살이 되면 객지 생활 또는 외국 출입이 많다. 그러나 고진살이 官印相生하면 불도(佛道)의 두령(頭領)이 된다고 하며, 고진살이 화개살(華蓋殺)과 同柱하면 속세를 떠나 승려(僧侶), 수녀, 입산 수도자, 역술인 등이 많다.

6. 과숙살(寡宿殺)

寅·卯·辰	年/日 生은	丑이 있을 때
巳·午·未	年/日 生은	辰이 있을 때
申·酉·戌	年/日 生은	未가 있을 때
亥·子·丑	年/日 生은	戌이 있을 때

과숙살은 年支를 위주로 보고, 참고로 日支로도 보는데 男命은 고진살을 꺼리고, 女命은 과숙살을 꺼린다. 이유는 고진살은 홀아비 살이라 하고, 과숙살은 과부살이

라 한다.

日支에 있는 과숙살이 가장 무서운데, 女命은 남편과 백년해로가 어렵고 사별(死別)하는 경우도 많다. 時支에 과숙살이 있으면 자식들이 불효하거나, 자식이 있어도 자식 덕이 없다. 그러나 男命에 고진살이 있고, 女命에 과숙살이 있으면 서로 상쇄(相殺)되어 없어진다. 특히 과숙살과 화개살이 同柱하면, 남녀 불문하고 승려나 목사, 수녀가 될 팔자이다.

또 역마살과 과숙이 동주하면, 타향살이하게 되고 외롭게 살아간다.

女命에 과숙살이 있으면 남편이 일찍 사망하거나, 이별, 별거한다.

日時에 寅, 巳, 申, 亥가 과숙살이 되면, 객지 생활 또는 외국 출입이 많아 공방수(空房數)가 있다고 추리하면 적중할 것이다.

7. 고란살(孤鸞殺)

甲寅日, 乙巳日, 丁巳日, 戊申日, 辛亥日에 태어난 女命은 남편이 첩(妾)을 얻거나, 남편과 이별하여 항상 혼자 독수공방(獨守空房)하는 팔자이다. 宮合을 볼 때 반드시 참고 해야 한다.

8. 도화살(桃花殺), (一名 年殺, 咸池殺)

亥·卯·未	年/日 生이	子가 있을 때
寅·午·戌	年/日 生이	卯가 있을 때
巳·酉·丑	年/日 生이	午가 있을 때
申·子·辰	年/日 生이	酉가 있을 때

一名, 年殺 또는 함지살(咸池殺)이라고 하는데, 도화살은 호색(好色), 주색(酒色)에 빠지기 쉽다.

男命은 풍류와 호색, 방탕 기질이 있고, 결혼은 연애결혼을 하게 되며, 女命은 美人으로 인정은 있으나, 부정(不貞)하고 성격이 사교적이며, 애교가 많아 바람기가 있다.

女命에 역마살과 도화살이 습이 되면, 음란하여 정통도주(情通逃走)하기 쉽고, 偏官과 同柱하면 박복(薄福)한 신세이며, 正官과 同柱하면 오히려 귀부인(貴婦人)이다. 직업은 인기 직이나 연예인이 많다. 문제는 이 살이 있는 女命은 결혼 후에 부부간에 불화가 생겨 이별하는 수가 많다는 점이다.

年支를 기준하여 日支에 도화살이 있으면 男命은 女子로 인한 구설수가 생기고, 女命은 다른 남자와 사통(私通)하고, 남편이 첩을 얻는다.

年支와 日支를 기준하여 月支에 도화살이 있으면 모친이 재혼하고, 어머니 외에 다른 어머니를 두게 되며, 이복형제가 있고, 부부간에도 불화가 있다.

歲運에 도화살이 들어오면 관재구설수가 있고, 이성으로 인한 구설수가 생기며 남자는 첩으로 인한 손재수가 있다.

특히 日支와 時支에 나란히 같이 있으면 호색가(好色家)라 하여 음란하고 주색으로 패가망신(敗家亡身)하는 수가 많다.

男命 日支에 正官이나 偏官이 있고, 도화살이 同柱하면 처가(妻家) 덕으로 출세한다.

도화살이 正官과 同柱하면 복록(福祿)이 많으나, 偏官과 同柱하면 박복하고 고생이 많다.

女命에 水가 많으면 음기(陰氣)가 많아 음란하기 쉽고, 水가 없으면 밤 사랑이 약하다.

女命에 正官, 偏官이 혼잡(混雜)하면 관살혼잡(官殺混雜)이라 하여 일부종사(一夫從事)가 어렵다. 또, 男女을 불문하고 干合이든, 支合이든 합이 3개 이상 있으면 음탕한 사주팔자이다.

9. 역마살(驛馬殺)

寅·午·戌	生(띠)이	申을 만날 때
巳·酉·丑	生(띠)이	亥를 만날 때
申·子·辰	生(띠)이	寅을 만날 때
亥·卯·未	生(띠)이	巳를 만날 때

寅·申·巳·亥가 역마살에 해당하므로 객지 생활, 해외 출입, 이사, 이동 등으로 분주하고 바쁘게 산다.

역마살이 吉神이면 입신출세(立身出世)하고, 해외유학, 명리향상(名利向上), 외교적 사업, 통신, 교통, 무역업, 운수사업 등에 인연이 있다.

財星이 역마살이 되면 외화(外貨)를 획득하게 되고, 印星과 官星이 역마살에 앉아 있으면 海外에서 직장 생활을 하게 된다.

日支가 역마살에 해당하면 평생 동분서주(東奔西走)하게 된다. 또 역마살이 支合이 되면 매사 일이 지체된다.

역마살이 空亡이 되면 이사나 이동수가 많으며, 한곳에 오래 머물지 못하고 변동수가 많다.

역마살이 도화살과 同柱하고 冲이 되면 타향에서 불의의 사고로 객사(客死)한다.

男命에 正財와 역마살이 同柱하면 현모양처(賢母良妻)를 맞이한다. 身强四柱인데 역마살이 長生이나 建祿, 帝旺에 앉아 있으면 더욱 길하다.

時支에 역마살이 있으면 이민, 해외 취업 등 외국에서 장기간 거주하게 된다. 또, 역마가 들어오는 歲運에는 이사, 이동, 해외 출입, 여행을 하게 되고, 大格者는 대발(大發)하고, 小人은 평생 분주하며, 노력은 많이 하나 공은 적고, 이동이 많으며 성격 변화가 많다.

역마와 偏印이 同柱하면 행상(行商)하거나, 외교적인 업종에 적합하나 인색하고 비인격자이다. 그러나 食神과 역마살이 同柱하면 大成한다.

역마살이라고 하면 누구나 나쁜 살로 이해하는데, 역마살에 해당하는 오행이 喜神

이면 大吉하다. 그러나 반대로 忌神에 해당하면 대단히 凶하고 재해(災害)가 발생한다.

1) 驛馬殺의 발동시기(發動時期)

역마살이 들어오는 해(年)는 역마살이 들어오는 달(月)에 일어난다.

10. 화개살(華蓋殺)

寅·午·戌　　生이　　戌을 만날 때

巳·酉·丑　　生이　　丑을 만날 때

申·子·辰　　生이　　辰을 만날 때

亥·卯·未　　生이　　未를 만날 때

이 살은 모두 辰·戌·丑·未에 해당하며, 창고(倉庫)에 가득한 물건을 탐내다가 수모를 당하게 된다는 살이다. 命中에 화개살이 있으면 총명하고 준수(俊秀)하다. 그러나 화개살이 空亡이 되면 승려가 되거나 무당 팔자이다.

四柱 地支에 화개살이 3개 이상 나란히 있으면 대학교수가 많고, 學科 학장(學長)이 많다.

화개살이 刑冲이 되거나 空亡이 되면 학자, 종교인으로 동분서주(東奔西走)로 바쁜 인생이다.

壬, 癸 日生이 生時에 화개살이 되면, 子女와 사별하게 되는데, 화개살은 生時에 있는 것이 중요하고, 日, 月順으로 중요하다.

11. 현침살(懸針殺)

甲, 辛 / 卯, 午, 未, 申으로 구성되는데, 四柱 전체에 대하여 보나 특히 日時에 있음을 중요시한다. 모양이 침(針)과 같이 생겼다 해서 현침살이라 한다. 이 살이 많으면 성격이 예리하며, 잔인하고 살벌하여 관재(官災)와 사고를 많이 당한다.

직업은 활인업(活人業)으로 의사, 한의사, 약사, 간호사 등이나, 혹은 기술직에 종사하게 되며, 특히 침술(鍼術)에 인연이 많고, 역학계(易學界)에 종사한다.

12. 과살(戈殺)

戊戌 日이나, 戊戌 時에 출생하면 몸에 중상(重傷)을 입는다는 살이다.

13. 양인살(羊刃殺)

甲	日干이	卯를 보면,
丙/戊	日干이	午를 보면,
庚	日干이	酉를 보면,
壬	日干이	子를 보면 양인살이다.

양인살은 日干을 중심으로 보는데, 羊刃은 陽刃으로 본다. 왜냐하면 羊刃은 陽日干을 위주로 地支에 인종(引從)하여 보기 때문이다. 따라서 羊刃은 陰日干으로는 보지 않는다. 十二運星상으로 建祿앞의 帝旺으로서 록전일위(祿前一位)가 바로 羊刃이 된다. 양인은 권력이고, 刑을 주관(主管)하는 살이다.

身强四柱는 권위와 위업을 상징하는 데 반해서, 身弱四柱는 정육점(精肉店) 또는 도살업(屠殺業)에 종사하게 된다.

양인은 七殺(偏官)과 합이 되거나, 칠살이 나타나는 것을 좋아한다. 양인이 旺하면 성격이 난폭하고, 악사(惡死), 타살(打殺), 익사(溺死), 교통사고, 총상(銃傷) 등의 사고가 일어난다.

命中에 羊刃이 3개 이상 있으면, 성급(性急)하고 안하무인격(眼下無人格)이며, 관재구설수가 따르고, 身弱四柱인 경우 극부(剋夫), 극처(剋妻) 혹은 타향살이하게 되며 대수술 등을 하게 된다.

또 男命에 羊刃이 3개 이상 있으면, 반드시 중혼(重婚)팔자이다. 命中에 있는 양인을 沖하면 고집불통이고 절대 남에게 굴복하지 않는다.

年支에 羊刃이 있으면 조업(祖業)을 亡치고, 月支에 羊刃이 있으면 변덕이 심하고, 日支와 時支에 羊刃이 있으면 처와 자식에게 해로우며, 말년에 재난을 당한다.

제15장

신살(神殺)의
사고 예(事故 例)

1. 驛馬殺의 사고 예

```
庚    壬    壬    丙
戌    申    辰    戌
             (驛)
```

年支의 戌에서 日支의 申이 역마살이 되는데, 甲子 年의 子와 日支 申이 三合이 성립되었다. 역마살인 申을 冲하는 丙寅 月의 寅과 寅申 相冲이 되므로, 甲子 年 寅月에 교통사고로 입원하였다.

2. 囚獄殺의 사고 예

```
己    辛    己    辛
亥    酉    亥    卯
             (囚)
```

이 사주는 年支에 卯가 있고, 日支에 酉가 있어 수옥살에 해당되는데, 歲運에서 卯年이 들어오면 수옥살인 酉를 다시 冲하므로 그 해 辰月에 수옥살과 합이 되므로 辰月에 형무소에 가게 되었다.

3. 白虎大殺의 사고 예

己　戊　乙　辛
未　辰　酉　巳
　　(白)

戊辰 日柱가 백호대살이 된다. 壬戌 年에 辰戌沖이 되어 교통사고가 일어났다. 백호대살이 沖이 되는 해(年)와, 沖이 되는 달(月)에 사고가 발생하게 되는데, 沖이 되는 庚戌 月인 戌月에 사고가 일어났다.

4. 羊刃殺의 사고 예

辛　甲　乙　癸
未　戌　丑　卯
　　(刃)

甲 日干이 年支 卯에 羊刃殺이 되는데, 地支에 丑·戌·未 三刑殺이 이미 구비되었다. 癸酉年에 양인살인 卯를 酉가 沖하여 그 해, 卯와 합이 되는 戌月에 교통사고가 일어났다.

5. 三刑殺의 사고 예

丙　丙　己　癸

申　申　未　酉

本命은 四柱내에 申이 두 개나 있는데, 壬寅年, 巳月에 寅·巳·申, 三刑이 완성되어 심혈관경색(心血管梗塞)으로 대학병원에서 스텐드를 심장에 삽입하였다.

三刑殺은 寅·巳·申, 丑·戌·未 등 3개가 모두 구비되는 年과 月과 日에 일어난다. 本命은 寅·巳·申 三刑이 모두 구비되었기 때문에 결국 수술을 받게 된 것이다.

참고로 부득이 수술을 해야 할 경우에는 三刑이 완성되는 月과 日을 선택하는 것이 현명하다.

제16장

사주 간명대요
(四柱 看命大要)

◆◆◆

1) 天干은 地支에 通根이 되는 것을 기뻐한다. 地支에 通根이 안 된 天干은 허화(虛花)에 지나지 않는다. 天干은 꽃이요, 地支는 뿌리이기 때문이다. 뿌리가 없는 꽃은 시들기 마련이다.

2) 支藏干에 암장(暗藏)된 天干은 四柱 天干에 투출(透出)되어야 비로소 능력을 발휘한다. 만일 지장간에 있는 天干이 四柱 天干에 나타나지 않으면 대기상태로 行運(大運, 歲運, 月運)에서 天干이 나타날 때까지 기다려야 한다.

3) 天干끼리 相剋, 相沖이 되어도 他干에서 合을 하면 相沖, 相剋이 해제되며 구제된다.

4) 支沖은 天干이 생조(生助)해도 支沖을 면할 수 없다.

5) 正官은 財星이 생조하는 것을 大喜하나 또 偏官이 있으면 관살혼잡(官殺混雜)이라 불리하다.

6) 偏官을 七殺이라고 하는데, 칠살은 반드시 제화(制化)를 시켜야 한다. 그러나 制化가 너무 심하면 오히려 재앙이다.

7) 天干과 地支는 서로 相生해야 貴命이요, 地支는 相和해야 貴命이다.

8) 子 大運은 午年에 이동하거나 변동을 하면, 손재와 고통이 따른다.
이유는 大運과 歲運이 相沖하기 때문이다.

9) 天干에서 相沖해도 地支가 安定되면 무해(無害)다.

10) 地支끼리 相沖하면 天干이 구해주지 못하므로 害가 重하다.

11) 陽干은 從格이 되어도 不從勢로 從格으로 따라가지 않는다. 그러나 陰干은 강한 세력에 따라가야 하므로 從格이 된다.

12) 五陽 중에 丙火가 최고로 조열(燥熱)하고, 五陰 중에 癸水가 가장 습(濕)하다.

13) 한습(寒濕)이 심하면 태양의 丙火가 최길(最吉)이요, 조열(燥熱)이 심하면 癸水(雨露)가 最吉이다.

14) 吉神은 地支에 有根하면 최길이요, 凶神은 無根해야 길조(吉兆)이다.

15) 子, 午, 卯, 酉가 地支에 모두 구비하면 男命은 富貴하고, 女命은 고독하다. 男女를 불문하고 호색(好色)하는 사주이다.

16) 寅·申·巳·亥가 地支에 모두 구비하면 男命은 富貴하는데 반해서 女命은 비천(卑賤)한 사주이다.

17) 地支에 辰·戌·丑·未를 모두 구비하면 男命은 富貴하고 女命은 고독하다.

18) 己 土가 壬 水을 만나면 기토탁임(己土濁壬)이라 하여 색욕(色慾)이 왕성하다.

19) 癸 水가 壬 水를 만나도 색욕(色慾)이 왕성하여 一妻로는 안 된다.(己土濁壬)

20) 己 土가 癸 水를 만나면 콩팥 즉 신장(腎臟)이 허약하다.

21) 四柱 내에서 年柱가 日柱를 剋하면 부모덕이 없고, 고향을 떠나 객지 생활을 한다.

22) 日柱가 年柱를 剋하면 윗사람이 크게 노하여 재앙이 따른다.

23) 사주 내에 辰戌 相沖이 되었는데, 다시 行運에서 辰戌을 沖하면 반드시 형액(刑厄)이 따른다.

24) 命中에 卯酉 相沖이 되었는데, 다시 行運에서 卯酉를 沖하면 이사가 빈번하다.

25) 天干에 七殺(偏官)이 있으면 재화(災禍)를 입게 되며 천한 인생이다.

26) 地支나 지장간의 財星이 喜神인데, 天干에 투간(透干)하면 재물 복과 처복이 있다.

27) 命中에 설기(泄氣)되는 오행이 全無하면 평생 不成이다.

28) 日主가 극약(極弱)한데, 印星運을 만나도 命中에 장애물이 많으면 不成한다.

29) 正印이 用神인데, 財運을 만나면 퇴직(退職) 당한다.

30) 財多, 身弱 四柱는 印星運에 발전한다.

31) 丙 日干이 庚金을 파괴(破壞)하면 폐병(肺病)이다.

32) 壬·癸 日干이 丙·丁 을 파괴하면 안질(眼疾)이요, 신장(腎臟)이 약하다.

33) 命中의 用神, 喜神, 한신(閑神)을 沖하면 흉이 발생하고, 반대로 忌神을 沖하면 오히려 吉하다.

34) 寅·申·巳·亥, 辰·戌·丑·未, 子·午·卯·酉가 命中에 나란히 4개가 있으면 붕충(朋沖)이라 하여 서로 沖이 안 된다.

35) 大運이 歲運을 冲하면 반드시 손재수(損財數)가 있다.

36) 歲運이 四柱의 月支를 冲하면 家內 또는 신변에 동요가 일어나고, 이사, 이동이 있다.

37) 日支와 月支가 相冲하고, 凶命이면 長病으로 고생하거나 急死한다.

38) 相冲은 三合이나, 六合이 되면 해충(解冲)이 되어 좋다.

39) 日柱와 天地冲이 되는 大運과 歲運, 月運에는 피해가 급속히 일어난다. 즉 부부 이별하거나, 별거하게 되고 사업부도(事業不渡), 회사 청산(淸算), 교통사고, 질병, 수술, 혹은 老弱者는 死亡하는 수도 있다.

제17장

육신통변
(六神通變)

◆◆◆

　여기에서 말하는 六神은 十神을 여섯 개로 묶은 것을 말한다. 十神은 比肩, 劫財, 食神, 傷官, 正財, 偏財, 正官, 偏官, 正印, 偏印 등의 열 개를 말한다.

　比劫星과 食神, 傷官星을 제외한 財星과 官星, 印星 등은 正, 偏으로 구분하는데, 財星은 正財와 偏財를 합쳐서 말하고, 官星은 正官과 偏官을, 印星은 正印과 偏印을 합쳐서 말하는 것이다.

　四柱八字 중에서 가장 중요한 日干을 日主라고 표현하는 것은 四柱 命式의 판단은 오로지 日主를 위주로 他 干支와의 五行 상의 왕쇠강약(旺衰強弱)을 보고 분석하므로 日主가 四柱의 주인공이라는 뜻이다.

　따라서 육신통변은 陰陽五行의 相生, 相剋 및 제화(制化)의 법칙에 따라 길흉화복(吉凶禍福)이 변하기 때문에, 日主를 중심으로 사주 命式의 대과(太過)와 불급(不及) 및 왕쇠강약(旺衰強弱) 등을 정확하게 판단하여야 결정되는 것이다.

　통변(通變)할 때는 四吉星과 四凶星을 알아야 한다. 즉 四吉星은 食神, 正財, 正官, 正印(인수) 등을 말하고, 四凶星은 劫財, 傷官, 偏官, 偏印 등을 말한다. 예를 들어 女命에 正官이 日支에 있으면 四吉星이라 吉하고 선비 같은 남편인 데 반해서, 日支에 偏官이 앉아 있으면 四凶星이라 불편하고 거북한 남편으로 본다.

　凶星도 五行의 生剋, 制化에 따라 吉星으로 변하고, 吉星도 때에 따라 凶星으로 변하므로 사주는 통변(通變)이 중요하다.

　四柱는 이론(理論)보다 통변(通變)이 중요하다. 아무리 사주 이론에 능통해도 사주를 놓고 통변에 능통하지 못하면 입이 열리지 않고 유명무실(有名無實)한 허수아비에 지나지 않는다. 옛날부터 통변에 관한 해설(解說)이 다양하게 전해져 왔지만 이를 바르고 쉽게 설명한 책은 드물다.

　논어(論語)를 읽고도 論語를 모른다는 말이 있듯이, 오랫동안 命理學을 공부하고도 통변을 모르는 것이 현실이다. 여기에 육신통변의 활용법(活用法)과 통변의 작용

(作用)에 따라 변하는 운명과 성격, 직업, 육친관계 등 人事 전반의 작용을 질서 있게 이해할 수 있도록 하였다.

졸저(拙著)『사주통변술(四柱通變術)』을 참고하길 바란다.

1. 비겁론(比劫論)

1) 比肩의 원리

比肩은 日干(日主)과 陰陽五行이 같은 十干을 말한다. 즉 甲 日干이 甲을 보면 比肩이 되듯이, 乙 日干이 乙을 보면 比肩이 된다. 또한 甲 日干이 寅을 보면 비견이요, 甲 日干이 卯를 보면 겁재가 된다.

四柱구성을 국가조직에 비유하면 月支는 君王이요, 日干은 재상(宰相)에 해당한다. 군왕은 재상을 임명하고, 재상은 다른 干支의 六臣(六神)을 통솔하여 정치를 하는 것이다.

한 나라에는 재상이 하나이어야 하는데, 재상이 둘 이상 있거나 여럿이면 어찌 되겠는가. 日干은 진짜 재상이고, 比肩은 가짜 재상이다. 그러므로 日干은 비견만 보면 경쟁자가 나타났으므로 신경이 곤두서게 된다.

예를 들면 女命에 비견이 있으면 자기와 똑같은 여자가 자기 남편을 유혹하게 되므로 쟁탈전이 일어난다. 그래서 男女 불문하고 비견이 여럿이면 부부 해로가 어렵다고 판단한다.

月支에 비견이 있으면 겉으로는 온순하게 보이나, 자존심이 강하고 매사 자기 뜻대로 행동하며, 고집도 있고 남에게 의지하지 않는다.

2) 劫財의 원리

겁재는 日干과 동일한 五行이나, 陰陽이 다르다. 즉 日干이 木 五行이라면 甲木은 陽木이요, 乙木은 陰木이다. 甲木 日干이 乙木을 보면 五行은 같은 木이지만, 陰陽이 다르므로 겁재라고 한다.

陰과 陽이 만나면 多情하고 有情한 관계이나, 陰과 陰, 陽과 陽은 항상 서로 경쟁하는 無情한 관계이다. 劫財는 正財를 겁타하고 파괴하는 凶神이므로 최악의 별이다. 그래서 劫財는 재물을 강제로 겁탈하는 도둑과 같다. 재물 중에서도 正財만을 겁탈한다.

특히 月支에 劫財가 있으면 성격이 거칠고 대담하며, 두려움을 모른다. 고집이 대단하고 자존심도 강하며, 돈의 낭비가 심하다.

매사 자기 뜻대로 처신하기 때문에 주위에 적이 많고, 고독하게 지낸다.

3) 比劫의 통변(通變)

(1) 男命의 比劫 통변

남자 사주의 比劫은 처의 애인이며, 처가 바람을 핀다는 뜻이 된다. 男命의 비겁은 또 다른 남자를 의미하기 때문이다. 처가 남편을 혼자 독점할 수 없고, 다른 남자가 나타났다는 뜻이다.

남자 四柱의 天干, 地支에 비견, 겁재가 3개 이상 있으면, 부부불화가 심하고, 결국 이별하거나 妻가 바람을 핀다.

(2) 女命의 比劫통변

남편의 애인이며, 남편이 다른 여자를 본다. 이유는 女命에 또 다른 여자가 있어, 자기 남편을 유혹하기 때문에 혼자 독점이 안 되고, 경쟁자가 나타났다는 뜻이다. 女命의 干支에 비겁이 3개 이상 있으면 결국 이별하거나, 남편이 바람을 핀다.

(3) 군비쟁재(群比爭財) 사주

사주 내에 비겁이 3개 이상 있고, 재성이 있으면 재성을 겁탈하기 때문에 재성이 피해를 본다. 비견도 두 개 이상 있으면 겁재가 된다. 극부(剋父), 극처(剋妻), 손재(損財) 등 재화(災禍)가 많이 일어난다.

군비쟁재(群比爭財) 사주라도 命中에 食神, 傷官이 있으면 비겁을 설기(泄氣)하고, 食傷生財하므로 大富貴 사주가 된다.

(4) 身弱財多 사주

財星은 많고, 比劫이 약하면 비겁을 반기고, 同業해도 좋다. 신약사주인데 재성이 있으면 처에게 경제권을 맡겨야 액운을 피하고 재물을 보존할 수 있다.

(5) 比劫 혼잡

比肩은 친형제로서 生母가 같고, 劫財는 배다른 형제 즉 이복형제를 말한다. 그래서 겁재 형제간에는 동업하지 말아야 한다,

(6) 비겁 과다(過多) 사주

男命은 자존심이 강하고, 自手成家할 팔자이며, 사업하면 속성속패(速成速敗)한다. 가난한 팔자이며, 형제 덕이 없다. 부친과 妻를 극하므로 사이가 좋지 않다. 특히 同業하면 필패(必敗)한다.

女命에 비겁이 많으면 남편 덕이 없고, 남편을 무시하고, 고부(姑婦)간에도 불화가 심하며, 남편이 첩을 두게 된다. 男女 불문하고 결혼 후에 바로 후회한다.

(7) 比劫이 많은 四柱는 食神, 傷官으로 설기하면 오히려 大富貴命이요, 官殺로 比劫을 극제(剋制)하면 오히려 大貴人이다.

(8) 四柱 내에 비겁이 3개 이상 있으면 결혼 후에 바로 후회하게 되므로 男女 불문하고 독신생활이 좋다.

(9) 劫財가 많은 사주는 금전대출업과 증권 등은 하지 않는 것이 좋다. 돈이 남의 손에 들어가면 돌아오지 않는다.

2. 식상론(食傷論)

1) 食神의 원리

食神은 생산과 활동하는 무대를 말한다. 자기 능력을 최고로 발휘하는 기회요, 수단이다.

食神은 자연적으로 생산된 과실(果實)이요, 의식주(衣食住)를 말한다. 의식주는 인간이 살아가는 데 있어서 유일한 기본조건으로 衣食住를 얻음으로써 살아갈 수 있는 자유와 권리가 있고, 재능을 발휘할 수 있는 것이다.

그러나 아무리 재능이 있어도 건강한 사람만이 기회가 주어지며, 병들거나 허약한 사람에게는 기회가 온다고 해도 그림의 떡이다. 그러므로 食神은 건강한 身强四柱를 조건으로 하고, 身弱한 四柱는 기회가 없다.

身强四柱인 경우 食神이 최고의 喜神이요 좋은 기회이지만, 身弱四柱인 경우 忌神으로서 허약한 사람이 생산 활동을 하는 것은 무리다. 이는 환자가 달리기를 하는 것과 같다.

食神과 傷官을 食傷이라 하는데, 食傷은 正官과 偏官(官殺)을 剋하며, 正財와 偏財(財星)을 生한다. 또한 食傷은 日干을 설기(泄氣)하지만, 비견과 겁재를 生해 준다.

2) 傷官의 원리

傷官은 日干이 생해주는 오행으로서, 日干과 陰陽이 다르다. 예를 들면 甲 日干이

丙火를 보면 陽과 陽을 만나 食神이 되지만, 甲 日干이 丁火를 만나면 陽과 陰이 만나므로 傷官이 된다.

食神은 소원대로 이루어지는 데 반해서, 傷官은 매사 소원대로 이루어지지 않고, 머리를 써야 이루어지므로 고통이 따른다.

女命에 傷官이 있으면 남편 덕이 없다고 판단한다. 이유는 傷官은 글자대로 官星을 相剋하기 때문이다. 傷官이 官星을 보면, 백가지 재화(災禍)가 발생한다고 해서, 이를 古書에 상관견관(傷官見官) 위화백단(爲禍百端)이라 표현했다. 그러나 傷官도 身太强四柱인 경우, 日干을 설기하고 재성을 도우므로 喜神으로 변하기 때문에 통변에 따라 吉凶을 판단해야 한다.

이와 같이 傷官을 일률적(一律的)으로 凶하다고 판단하는 것은 傷官의 통변법을 모르고 하는 말이다.

이와 같이 傷官의 작용은 日干을 설기하는 작용과, 財星을 생하는 능력이 있으며, 印星에 대항하는 작용과 官星을 剋傷하는 작용을 한다.

3) 食傷의 통변

(1) 身强四柱는 食傷을 지혜, 총명, 후덕(厚德)으로 보나, 身弱四柱인 경우 失氣, 도기(盜氣), 악기(惡氣)로 본다.

    食神은 예절을 중하게 지키며, 온순하고 도량(度量)이 넓다. 그러나 傷官은 총명하고 재주는 좋으나, 자존심이 강하고 오만하며, 윗사람에게도 직언(直言)을 잘하므로, 직장 상사(上司)와는 불화가 심하므로 승진의 기회가 적다.

(2) 食神이 2개 이상 있으면 傷官으로 변한다. 傷官은 男命은 剋子하고, 女命은 剋夫한다.

(3) 四柱 내에 食傷이 3개 이상 있는데, 大運에서 다시 食傷 大運을 만나면 老弱者는 必死한다. 이유는 食傷은 수명성(壽命星)이기 때문이다.

(4) 女命 四柱에 傷官이 있으면 다방 종업원, 가정부 등이 많고, 가정생활에서는 남

편을 극하기 때문에 부부간에 불화가 심하다.

(5) 男命이 食傷生財하면 여자 문제가 많고, 여자가 잘 따르고, 身强四柱인 경우 사업에 성공한다.

(6) 女命에 食傷이 있고, 官殺이 혼잡하면 남편 덕이 없고, 두 번, 세 번 결혼한다.

(7) 月支에 食傷이 있으면 男女 모두 장수(長壽)하는 사주이다. 이유는 食傷星은 壽命星이기 때문이다.

3. 재성론(財星論)

1) 正財의 원리

正財는 日干이 剋하는 五行으로서 陰과 陽, 陽과 陰이 만나는 관계이다. 예를 들면 甲 日干이 己를 보면 陽과 陰의 관계로서 正財가 된다.

陽과 陰은 有情하고 다정한 관계로서 합법적인 관계이다. 그래서 男命은 正財를 本妻로 보고, 偏財를 첩 또는 애인으로 보는 것이다.

甲과 己는 干合하여 土로 변한다. 干合한다는 것은 두 사람이 일심동체(一心同體)가 되므로 부부관계로 보는 것이다.

月支에 正財가 있으면 부지런하고, 성실하며 투기(投機)를 싫어하고, 정직하게 자기 힘으로 재산을 모은다. 그래서 正財를 自己財라고 한다. 자기 힘으로 모은 재산이므로 돈의 낭비가 없다.

正財가 喜神이면 평생 의식주가 완전하고 잘 사는 데 반해서, 正財가 忌神이면 허욕이 많고, 투기를 즐기며, 신용도 없고 거짓과 사기성이 많아 직장인으로서는 부적합하다.

2) 偏財의 원리

日干이 剋하는 오행으로서 陰과 陰, 陽과 陽이 만나면 偏財가 된다.

즉 甲 日干이 戊를 만나면 偏財가 되는데, 甲과 戊는 같은 陽으로서 편중(偏重)되고 편고(偏枯)하니 偏財가 되는 것이다.

陰과 陽은 相生하니, 서로 有情한 관계로서 상부상조(相扶相助)하는 데 반해서 陰과 陰, 陽과 陽은 여자와 여자, 남자와 남자끼리 서로 만난 관계로서 無情한 관계이다.

偏財는 이해타산(利害打算)에 능하고, 수완과 요령이 비범하여 융통성과 임기응변에 능하다.

正財는 자기 재산인 데 반해서, 偏財는 타인 재산이라서 금전 융통을 잘하고 빈손으로 일확천금을 노리므로 큰돈을 벌지만, 낭비가 심한 것이 특징이다.

身强四柱에 偏財가 있으면 기업가나 사업가로 진출하는 것이 적당하다. 또 正官을 보면 호재자(護財者)로서, 재산을 잘 관리하므로 금상첨화(錦上添花)라 더욱 좋다.

官星은 비견, 겁재를 통제하고, 財星을 지키므로 吉神이다. 그래서 큰 기업가는 命中에 偏財와 官星이 구비되어 있다.

四柱를 看命할 때의 대원칙은, 日干의 强弱과, 喜神의 强弱을 반드시 대조해서 판단하여야 한다.

3) 財星의 통변

(1) 대학 입시 운을 볼 때, 初年 大運이 財星 운이면 공부가 안 되므로 합격 운이 없다. 財星 年에도 불합격이다. 왜냐하면 財星은 學問星인 印綬를 극하는 학마살(學魔殺)이기 때문이다. 대학 입시와 취업운은 食神, 正官, 正印 年에 합격한다.

(2) 財多身弱 四柱는 부옥빈인(富屋貧人)이라 하여, 겉은 화려하고, 큰 집에 살고 있으나 실속이 없고 가난한 사람이다. 재물을 무거운 짐이라고 생각한다면, 쇠약한 사람은 짐을 나를 수 없는 것과 같다.

(3) 女命에 財星이 3개 이상 있으면 시집오고 나서 친정집이 몰락한다.

(4) 四柱의 年柱나 月柱에 財星(정재, 편재)이 있으면 부잣집 출생이고, 재산 상속도 받는다. 단, 재성이 刑/沖을 만나면 재산을 파하고 불안하다.

(5) 月支에 比肩, 劫財가 있으면 부모의 유산을 상속받지 못한다.

(6) 日支에 正財가 있으면 처복이 있고 돈복도 있으나, 日支가 刑/沖이 되면 부부 불화, 관재구설이 따른다. 또한 주색(酒色)으로 인하여 재산을 파한다.

(7) 年干에 偏財가 있고, 偏財가 月支에 通根이 되면 父祖가 부자 집안이다.

(8) 正財와 偏財가 3개 이상 있고 혼잡하면, 일찍 아버지와 일찍 이별하고, 일찍 고향을 떠나 객지생활을 하게 된다. 또한 가난하게 살고, 本妻와도 백년해로(百年偕老)가 어렵다.

(9) 女命에 財星이 3개 이상 있으면 시어머니를 두 분 모시게 되고, 남편 덕도 없다.

(10) 男命에 正財가 旺하면 本妻가 남편의 첩을 용납하지 않고, 偏財가 旺하면 첩이 본처를 밀어내고 안방을 차지한다. 旺하다는 것은 재성이 月支에 있는 경우를 말한다.

(11) 初年 大運이 財星 大運이거나 혹은 財星年에는 공부가 안 되며, 學業에 장애가 따르고 대학 진학이 어렵다. 이런 경우에는 二流 大學이거나 전문대학에 지망하는 것이 좋다.

(12) 財星이 日干과 합이 되면 연애 결혼하게 되고, 호색 기질이 있다. 예를 들면 甲 日干이 己 土와 干合이 될 때, 혹은 庚 日干이 乙 木과 干合이 될 때를 말한다.

(13) 從財格이 되면 처덕이 대단히 좋다. 그러나 비겁 대운이나 비겁 년에는 반드시 재산을 잃는다. 특히 비견 대운이나 겁재 대운에 사업하면 필패하므로 조심해야 한다.

(14) 공직자(公職者)는 印綬가 용신인데, 財星年을 만나면 여자 문제나 뇌물 사건으로 직장에서 파면당하기 쉬우니 조심해야 한다. 이유는 공직은 官星으로 보고, 印綬는 결재 도장이므로 印星을 극하는 財星운을 만나면 財剋印이라 不吉하다.

(15) 財星이 용신이면 일찍 결혼해도 좋고, 처덕이 있으며 처로 인해서 발복한다.

(16) 男命에 財星이 아주 약한데, 그 財星이 白虎大殺에 해당하면 妻가 흉사(凶死)한다.

(17) 財星이 地支에 無根하면 큰 재물을 낭비하게 되고, 기분파로서 낭비가 심하다.

(18) 財星이 四柱干支에 없어도, 지장간에 암장(暗藏)되어 있으면 실속파요, 재물이 지하 창고에 숨겨져 있으므로, 도둑맞을 수가 없으니 오히려 알뜰한 부자이다.

(19) 財多 身弱四柱는 比劫年을 만나면 재물 복이 있고, 만사가 뜻대로 이루어지므로 동업해도 좋고, 증권투자도 좋지만, 만일 다시 재성 운을 만나면 재산을 탕진하게 되고, 수명을 재촉하게 된다.

(20) 四柱 내에 比劫이 많고 財星이 弱하면, 소위 군비쟁재(群比爭財) 사주인데, 다시 比劫 大運이나 比劫年을 만나면 재물을 파괴하고 자살하거나 인생을 비관하게 된다.

(21) 財星이 약한데 귀문관살(鬼門關殺)과 同柱하면, 그 처가 신경쇠약증이 있거나 노이로제, 우울증과 정신이상이 있다.

(22) 男命 日支에 偏財가 있으면 처복이 있고, 처가 재산을 관리해야 좋다. 즉 남편이 돈을 관리하면 돈이 모이지 않는다.

4. 관성론(官星論)

1) 正官의 원리

日干을 剋하는 五行으로서, 陰과 陽이 만나는 것을 正官이라고 한다.

즉 甲 日干이 辛을 만나면 正官이듯이, 乙 日干이 庚을 만나면 正官의 관계이다. 그러나 偏官은 陰과 陰, 陽과 陽의 관계로서 여자와 여자, 남자와 남자끼리의 만남으로서, 서로 시기하고 질투하며, 싸우는 관계이므로 無情한 관계이다.

官星은 생명과 재산을 보호하는 법과 질서이다. 특히 正官은 정당한 법과 질서로

서 법률과 질서를 지키고 법에 순응한다. 예의와 법을 생명처럼 지키는 것이 正官이다. 자기 실력으로 승진하고 출세한다.

正官은 身强四柱이어야 하고, 身弱四柱는 正官을 감당할 수 없으므로 불리하다. 正官은 印綬를 가장 좋아한다. 身强한데 正官이 약하면 財星의 생조(生助)를 좋아한다. 또한 正官은 偏官(七殺)과 혼잡함을 싫어하는데, 偏官을 제살(制殺)하는 食神이 있으면 거살유관(去殺留官)으로 七殺을 제거하고 正官만 남는다는 뜻으로 食神을 가장 좋아한다.

月支에 正官이 있으면 정직하고 총명하며, 예의가 바르고 인격자로서

도량(度量)이 넓다.

2) 偏官의 원리

日干을 剋하는 五行으로서 陰과 陰, 陽과 陽이 만나면 偏官이 된다.

偏官을 일명 七殺이라고 한다. 殺은 살벌(殺伐)하다는 뜻이라 좋지 않다.

甲 日干이 庚을 만나면 偏官이 되고, 乙 日干이 辛을 만나면 偏官이 된다.

陰과 陰, 陽과 陽이 만나므로 여자와 여자, 남자와 남자끼리 만나므로 서로 미워하고 반목하는 無情한 관계이다.

正官과 偏官을 합쳐서 말할 때는 官殺이라고 한다. 官殺은 日干을 剋하지만, 日干을 生하는 印星을 生助히며, 財星은 官殺을 생조(生助)한다.

그러나 四柱가 너무 강하면 관살로써 日干을 制剋해 주어야 한다.

七殺의 원래 뜻은 日干에서 일곱 번째 나타나는 天干으로서 七殺 또는 七冲이라고 표현하는 것이다.

正官은 점잖고, 착한 성품인 데 반해서, 偏官은 법에 구애받지 않고, 권위적이고 호전적이다. 그래서 偏官은 군인, 경찰, 검사, 언론인, 수사관, 체육계에 적성이고 행정관이나 평범한 일반직은 적성에 맞지 않는다.

여자 사주에 偏官이 많으면 남자가 많다는 뜻으로 결혼을 여러 번 하거나 일부종

사(一夫從事)가 어렵고 화류계로 나가기 쉽다.

사주 내에 七殺이 있으면 반드시 제살(制殺)해야 吉한데, 食神으로 다스리는 食神制殺이 제일 좋고, 아니면 어진 印星으로 달래는 殺印相生시키는 방법이 있다.

그러나 食神制殺할 때는 사주 내에 印星이 있어 化殺하는 것을 싫어하고, 殺印相生할 때는 食神이 制殺하는 것을 싫어한다.

月支에 偏官이 있으면 자존심이 강하고 호전적(好戰的)이며 버릇이 없다. 성급하고 권모술수에 능하며, 남을 시기하거나 얕보는 성격이다.

3) 官殺의 통변

(1) 女命에 傷官이 있는데, 正官이 있으면 부부간에 不和가 심하고 이별수가 있다.

(2) 官殺이 刑/冲이 되면, 男命은 子女 건강이 걱정되고, 女命은 남편이 형액(刑厄)을 당한다.

(3) 官殺이 역마살과 同柱하면 해외 직장이나, 여행업에 인연이 있고, 분주한 직업과 인연이 있다.

(4) 年柱에 官星이 있으면 장남이고, 月柱에 官星이 있으면 차남이다. 日支에 正官이 있으면 자수성가하고, 현모양처를 만난다.

時柱에 正官이 있으면 자손이 어질고, 말년에 발전한다. 또한 時柱에 偏官이 있으면 男命은 자녀를 늦게 둔다.

(5) 寅巳가 역마살이 되고, 역마살이 官殺에 해당하면 항공계(航空界)에 종사한다.

(6) 女命에 있는 역마살이 日支와 합이 되면 해외에 있는 남자와 인연이 있고, 혹은 남편이 海外로 진출하게 된다.

(7) 男命에 財星이 없으면 늦게 결혼하게 되고, 女命에 官星이 없으면 늦게 결혼한다.

(8) 官星이 空亡이 되면 자기 의무를 지키지 않고, 무례하다.

(9) 四柱 내에 官殺이 많으면 우매(愚昧)하고 출세가 어렵다.

(10) 官星이 羊刃과 합이 되면 정관수술(精管手術)을 하게 된다.

(11) 男命에 官星이 도화살과 合이 되면 酒色으로 망신당한다.

(12) 四柱 내에 관성이 旺한데, 다시 관성 운을 만나면 직장 변동이나 퇴직을 당한다.

(13) 偏官은 七殺이라 하여 반드시 제압해야 한다. 正印으로 선도하면 오히려 권력을 잡는 高官이요, 傷官으로 유도하면 총명하게 되고, 食神으로 다스리면 편관으로 변하여 얌전해진다.

(14) 偏官과 羊刃이 모두 있으면 병권(兵權)을 잡은 장군將軍)이요, 천하명장(天下名將)이다.

(15) 身旺하고 偏官(七殺)도 旺하면, 가난한 家門에서 태어났으나 크게 출세한다.

(16) 女命에 관살이 혼잡하면 본 남편과 이별하고, 再婚, 三婚하게 된다.

(17) 女命에 官星과 食神이 同柱하고, 日支와 合身하면 결혼 전에 임신하게 되고, 혹은 처녀가 임신하게 된다.(官食同臨身合)

(18) 男命에 관살이 혼잡하면 주위에 적이 많고, 고독하며, 사고무친이다. 노력은 많이 하나 공이 없다. 또한 관재구설수가 많고, 직장 변동도 많다.

(19) 女命에 관성이 없으면, 남편이 부자 되기를 바라지 말고 본인 자신이 생활전선에 나가 돈을 벌어야 한다. 즉 남편 덕은 없다.

(20) 正官이 天干에 나타나면 高官(理事官)이요, 地支에 정관이 있으면 中官(과장급)이다.

5. 인성론(印星論)

1) 正印의 원리

日干을 生해주는 五行으로서 陰과 陽이 다른 것을 正印 또는 인수(印綬)라고 한다. 印綬라고 표현한 것은 애정이 풍부한 자애(慈愛)로운 어머니와 같은 존칭(尊稱)을 뜻하기 때문이다.

甲 日干이 癸를 만나면 印綬가 되듯이, 乙 日干이 壬을 만나면 印綬가 된다. 印綬는 나를 생해주는 생아자(生我者)를 말한다. 印綬는 萬人이 生母처럼 다정하게 나를 기르고 보살피며, 가르치고 인도한다.

四柱에 印綬가 있으면 먹는 음식을 잘 소화할 수 있고, 공부를 잘 소화하고 이해할 수 있다. 또한 위장(胃腸)이 튼튼하고 건강하며, 두뇌가 총명해서 학문에 능하고 교육자의 자질을 타고났다.

따라서 진리를 탐구하는 철학과 종교 방면에도 관심이 많고, 자선사업(慈善事業)을 비롯해서 교화(敎化) 사업, 사회사업 등에 천부적인 소질이 있다.印綬는 학문에 해당하므로 공부를 많이 한 사람은 교육자, 언론인, 작가, 발명가, 예술가, 철학자로서 이름을 얻는다.

月支에 印綬가 있는 사람은 근면하고 성실하며, 총명하여 학문을 좋아한다. 그러나 재물에 관한 관심은 희박하고 좀 인색하다는 말을 듣게 되며, 남의 비방과 지탄(指彈)을 받게 된다.

2) 偏印의 원리

偏印은 日干을 生해주는 五行이면서 陰과 陰, 陽과 陽을 만나면 편인이 된다. 즉 甲 日干이 壬 水를 보면 陽干이 陽干을 만나므로 남자들끼리 만나는 것과 같고, 乙 日干이 癸 水를 보면 偏印이 되는데, 마치 여자와 여자들끼리 만나므로 無情한 관계이다.

印星은 正印과 偏印을 합쳐서 말하는데, 모두 日干을 生해주고, 또 食傷을 剋하며, 官星의 生助를 받는다.

日干을 生하는 경우에는 四柱 내에 官星이 있거나, 行運(大運, 歲運, 月運)에서 官星을 만나면 官印相生으로 대발(大發)한다.

正印은 나의 生母로서 다정하게 나를 기르고 보살피며, 가르치고 인도하는 데 반해서, 偏印은 계모(繼母)로서 無情하게 냉대하므로 계모 앞에서는 눈치코치로 밥을 먹고 자라므로 항상 衣食住가 부족하고, 소화 기능도 좋지 못하다.

그러므로 偏印은 다재다능(多才多能)하고 눈치가 빠르며, 임기응변(臨機應變)이 남보다 뛰어나다. 그래서 편인은 인기 직업에 맞고, 연예인, 연기자, 易術人 중에 많다. 그래서 인생과 운명에 대한 관심을 갖게 되므로 철학과 종교 방면에 깊은 관심을 갖게 된다. 예술과 운명 철학에 천재적인 소질이 있다.

偏印은 食神을 剋하므로 도식(倒食) 즉 밥그릇이 넘어진다는 뜻으로 만사가 허탕이 된다는 뜻이다. 도식은 최고로 나쁜 별이므로 반드시 제거해야 한다. 四柱 내에 食神이 없으면 偏印이라 하고, 食神이 있고 偏印이 있으면 도식(倒食)이 이루어진다. 그러나 四柱 내에 偏印을 제압하는 偏財가 있거나, 傷官이 偏印과 干合하면 偏印의 凶을 면할 수 있다.

도식 중에서도 月支에 食神이 있을 때가 가장 위험하다. 이유는 食神이 수명성(壽命星)이기 때문이다. 月支에 食神이나 傷官이 있으면 오래 장수(長壽)할 수 있는데, 命中에 偏印이 있으면 倒食이 되기 때문이다.

月支에 偏印이 있거나 偏印이 三合, 또는 方局을 이루면 외국어에 능통하다. 그러나 財星이 많으면 印星을 剋하기 때문에 공부와는 인연이 없다.

月支에 偏印이 있으면, 눈치와 재치가 있어 기회를 잘 포착하며, 시작은 잘하나 결국 끝을 맺지 못하고 도중하차하는 경우가 많다. 그러나 예능(藝能)에는 소질이 많다.

3) 印星의 통변

(1) 印星(正印, 偏印)이 3개 이상 있으면 용모가 단정하고, 어학(語學) 능력이 뛰어나며, 성격이 강성이고 명예를 중시한다.
(2) 印星이 3개 이상 있으면 어머니를 두 분 모시게 되고, 결혼은 늦게 하게 된다.
(3) 印星이 刑/冲이 되면, 집을 자주 옮기고 학문에도 애로가 있으며, 매매 운과 문서 운도 불리하다.
(4) 官印相生이 되거나, 殺印相生하면 지혜가 총명하고, 국가 공무원 팔자이다. 특히 年柱에 官星이 同柱하면 평생 공무원 팔자이다.

(5) 女命에 印星이 있으면 어머니의 협조로 연애 결혼하게 된다.

(6) 女命에 官星은 弱하고 印星이 많으면, 남편 대신 본인이 생활전선에 나가 고생하고 늙어서 남의 집에서 가정부 역할을 하게 된다. 또한 말년이 고독하다.

(7) 地支에 印星으로 三合이 되거나, 方局이 되면 학자, 교수, 박사로 이름을 얻는다.

(8) 印綬가 수옥살에 해당하면 문서로 인한 송사(訟事)가 있다.

(9) 偏印이 帝旺과 同柱하면 계모로 인하여 고생한다.

(10) 月支에 偏印이 있는 女命은 順産을 하지 못하고, 산액(産厄)으로 고생한다.

(11) 月支에 偏印이 있으면, 男女를 불문하고 장수(長壽)하기가 어렵다.

　　이유는 食神이 壽命星인데, 偏印이 食神을 剋傷하기 때문이다.

제18장

운명(運命)의
격동기(激動期)

四柱는 天地運氣의 변화에 따라 움직이는 유기적(有機的)인 집합체로서 태양에서 발생하는 에너지의 변화에 따라 쉴 새 없이 움직이고 변화한다.

天干끼리의 合은 서로 사랑에 빠진 有情한 관계를 말하고, 天干의 沖은 서로 미워하고 시비하며, 경쟁하는 無情한 관계이다. 또한 地支끼리의 合은 숨어서 남몰래 포옹하는 多情한 관계를 말하고, 地支끼리의 沖은 서로 시비하고 투쟁하는 관계를 말한다. 이유는 天干에 있는 것은 陽으로서 훤하고 밝은 상태이고, 地支는 陰으로서 어두운 상태이기 때문이다.

예를 들면 四柱 年干에 있는 五行과 月干의 五行이 서로 天干끼리 合을 하면 天干合이라 하는데, 年干의 아버지가 사랑에 빠져 한눈을 팔고 아버지 노릇을 못 함을 암시하고 있다.

또한 日支가 沖이 되면 배우자 덕이 없고 이별을 암시하고 있다. 日支는 배우자궁으로서 男女 불문하고 배우자궁이 불리하다고 판단한다.

이와 같이 合이라고 해서 무조건 좋다고 할 수 없으며, 沖은 서로 싸우느라 운동정지 상태로서 생산과 공급이 중단된 상태를 말한다. 大運이나 歲運에서 四柱의 日柱와 合이나, 沖이 되면 만사가 침체되고 부진(不進)함은 물론이고 뜻하지 않은 사태와 재난이 발생하게 된다.

인생을 살아가는 데 있어서 누구나 예외 없이 세 번의 힘든 재앙(災殃)과 격동기(激動期)를 맞게 되는데, 즉 天地同, 天地沖, 天地合 등이다. 비(雨)는 사람의 능력으로 멈추게 할 수 없으나, 우산을 쓰고 피해갈 수는 있다. 때를 알고 미리 대비하는 것은 삶의 지혜이다.

1. 천지동(天地同)

日柱 干支와 똑같은 干支를 大運이나 歲運, 月運, 日辰에서 만나면 天地同이 된다. 예를 들면 日柱가 甲子 日柱라면 甲子 大運이나, 甲子 年 또는 甲子 月, 甲子 日을 만나게 되면 天地同이 된다.

이렇게 大運이나, 年, 月, 日에 만나는 경우, 지나가는 나그네가 주인행세를 하는 격이다. 만일 직장인이라면, 새로 나타난 후임자에게 자기 자리를 내어주고 밀려나는 형국이 일어난다. 그래서 본인은 좌천(左遷)이나 심지어 퇴직(退職) 당하는 경우도 이때 일어난다. 그러므로 天地同을 만나는 경우에는 시비와 관재구설 수가 생기고 중상모략이나 손재수가 있으며, 부부간에도 불화가 생기고 이변이 생긴다. 天地同이 되면 유혹과 사기를 조심하고, 특히 同業은 절대 금물이다. 또한 이사나 전업(轉業)을 하게 된다.

2. 천지충(天地冲)

日柱의 干支와 行運(大運, 歲運, 月運, 日辰)의 干支가 서로 相冲하면 天地冲이 된다. 예를 들어 甲子 日柱라면 庚午 大運, 庚午 年, 庚午 月, 庚午 日을 만나면 天地冲이 된다. 이유는 甲과 庚은 甲庚冲으로 天干끼리 冲이 되고, 子日은 午와 地支冲이 되므로, 地支끼리 冲이 되어 地支冲이 된다. 따라서 天干冲, 地支冲으로 天地冲이라 한다.

天地冲은 마치 男女가 정면으로 충돌하는 경우이다. 천지충이 되면 운명상으로 치명적인 타격을 입는 형국으로서, 기업인은 기업을 청산(淸算)하고, 심한 경우 부도(不渡)가 나서 도망가며, 직장인은 직장에서 퇴직을 당하거나 전직을 하게 된다.

기혼자(旣婚者)는 사별(死別)하거나 이혼(離婚)을 하게 되고, 노상횡액(路上橫厄)과 교통사고 등 傷害를 입기 쉽고, 老弱者는 세상을 떠나는 不運을 맞게 된다. 이런 경우에는 가급적 모든 대인관계를 피하고, 신규사업이나 사업 확장은 피하는 것이 최선이다. 그래서 현 상태를 유지하는 것이 그나마 다행으로 생각해야 한다.

3. 천지합(天地合)

甲子 日柱라면 大運이나, 歲運, 月運, 日辰에서 己丑을 만나면 甲己合, 子丑合이 되어 天地合이 된다. 예를 들면 乙丑 日柱가 庚子 運을 만나면 天地合이 된다. 하늘은 陽(天干)이요 남성이며, 땅(地支)은 陰이요 여성이다.

天地가 합하는 것은 마치 陰과 陽이 만나고, 여자와 남자가 만나는 것과 같다. 天地合은 일종의 유혹이요, 함정이며, 돈과 색정(色情)을 조심해야 하며, 부부간에 이변을 암시하고 불화가 일어난다. 또 신규 사업이나 사업 확장 등은 금물이고 현상 유지에만 노력해야 한다.

이상에서 설명한 天地同, 天地冲, 天地合 등은 일생을 살면서 누구나 예외 없이 세 번씩은 꼭 겪게 되니 조심해야 한다. 오직 陰陽의 大道에 순응하면서 욕심을 버리고, 自重自愛해야 한다. 물 흐르듯이 순리대로 사는 것이 인생첩경(人生捷徑)이다.

제19장

사주 집중분석
(四柱 集中分析)

第1題. 乾命

					66	56	46	36	26	16	6
甲	甲	壬	壬		己	戊	丁	丙	乙	甲	癸
子	寅	子	申		未	午	巳	辰	卯	寅	丑

1) 甲 日干이 11월, 冬節에 태어나 한냉(寒冷)하므로 甲木의 뿌리가 동결(凍結)되었다. 寅 중에 丙, 戊가 지장간에 암장(暗藏)되어 있으므로 丙火(태양)가 調候 用神이고, 戊土가 제습(除濕)하므로 길신이다.

2) 年支의 申이 子와 三合이 되고, 年干, 月干에 있는 2개의 壬水가 天干에 투간(透干)하여 水多命으로 甲木이 부목(浮木)이 되었다.

   用神이 弱하면 用神의 자격이 없고, 반드시 月支에 得令하거나, 혹은 地支에 通根이 되어야 하는데, 本命은 용신이 약하다.

3) 무릇 모든 천지만물(天地萬物)은 한습(寒濕)과 조열(燥熱)이 잘 조화(調和)되어야 번영(繁榮)하고 발전하는 법이다. 다시 말하면 추운 겨울에 태어난 사람은 따뜻한 온기(溫氣)와 열기(熱氣)가 필요하고, 여름에 태어난 사람은 한습(寒濕)이 필요한 것이다. 이것을 조후(調候)라고 표현한다.

4) 四柱 내에 水가 4개나 있으므로 甲木이 부목(浮木)이 될 듯하나, 甲木이 日支에 통근(通根)이 되므로 떠내려가지는 않는다.

5) 月支가 正印인 사람의 性格은 근면 성실하고, 총명하며, 학문도 좋아하나 좀 인색한 편이다.

6) 四柱 내에 木, 火, 土, 金, 水의 五行이 모두 있으면 五福을 타고난 사람이나, 不幸하게도 100명 중 약 70% 정도는 사주 내에 없는 五行이 많고, 약 30%는 五行이 모두 구비되어 있는 경우이다.

   四柱 내에 없는 五行이 바로 질병(疾病)이고, 또한 직업 선택의 기준이 되므로, 四柱를 감정할 때 꼭 참고하기 바란다.

四柱 내에 火 五行이 없으면 심장, 혈압, 시력이 약하여 안경을 써야 한다. 직업은 석유, 가스, 전기, 전자, 컴퓨터, 교사, 교수, 종교사업 등이 적업이다.

7) 이 四柱에는 火, 土 五行이 없다. 土는 위장(胃腸)이므로 위장이 허약하여 소화가 잘 안 되고, 또 火는 설명한 대로 심장, 혈압, 시력(視力)이 약하다.

8) 직업으로는 土가 없으므로 부동산(땅/건물)에 인연이 있고, 토건업과 도자기 등이 적성에 맞는다. 또한 火가 四柱 내에 없으므로 전기, 전자, 컴퓨터, 교사, 학자 등이 맞다.

9) **夫婦宮**

甲 日干의 처는 己土(正財)가 本妻이고, 戊土(偏財)가 後妻인데, 戊土가 지장간에 숨어 있으므로 처덕은 적다.

甲 日干이 水가 4개나 있어서 身强한데, 日支 妻宮에도 寅木이 있으니 결국 本妻와 이별하고 재혼(再婚)했다.

天干과 地支에 比肩, 劫財가 2개 이상 있으면 부부 해로가 어렵다. 男命의 比劫은 처의 애인으로 보며, 처가 다른 남자와 바람을 핀다는 뜻이다.

10) **子女宮**

男命은 正官이 딸이고, 偏官은 아들인데, 偏官인 申金이 命中에 하나 있으므로 아들은 하나 있다.

11) **父母宮**

命中에 印星이 4개나 있는데, 印星은 어머니로서 가정의 주권(主權)을 어머니가 독점하므로, 본인은 어린애의 심정이라, 어머니에게 매사 의존하므로 독립심이 없다.

12) 印星이 많고, 官星이 없으면 비록 공부는 많이 하였어도 官運이 없는데 다행히 官印이 모두 있어 공무원 사주이다.

13) 四柱 내에 土오행이 財星인데, 土가 없으므로 재물 복은 없다. 그러나 57세부터 61세까지 5년간 偏財 大運이 들어오므로 사업 운이 있고 재물운도 있다. 참고로 正財大運은 직장운이다.

14) 子月의 寒冬節에 태어난 甲木이 47세부터 76세까지 巳·午·未, 火 大運이 30년

간 온난(溫暖)한 계절이 연속되어 喜神 大運이다.

第2題. 乾命

					70	60	50	40	30	20	10
乙	丁	丙	辛		己	庚	辛	壬	癸	甲	乙
巳	巳	申	巳		丑	寅	卯	辰	巳	午	未

1) 丁 日干이 申月에 태어나 失令하였으나, 天干에 乙, 丙이 투간(透干)하고, 巳火가 3개나 있어 火多命으로 身强四柱이다.

2) 命中에 水가 없으나, 다행히 月支 申 중에 壬水가 지장간(支藏干)에 암장(暗藏)하므로 金, 水가 희신이 된다.

3) **부부궁**

本命은 正財(本妻)와 偏財(後妻)가 있는데, 본처는 巳申 刑이 되어 不和로 이혼하고 재혼하게 된다. 宮合상으로는 본인 사주에 火가 많으므로, 火가 많은 여자는 절대 피하고, 여자 사주에 水 五行이 많거나, 쥐(子)띠 여자를 만나는 것이 최선이다.

男女 불문하고, 水가 없는 사주는 밤 사랑이 약해서 불만이 많아 결국 이별하거나 불화가 심하다. 따라서 본인이 辛巳 生이므로 水가 많이 들어있는 사주가 좋다. 본인이 뱀(巳)띠이므로 개(戌)띠는 원진살이 되므로 피해야 하고 또한 돼지(亥)띠는 相沖殺이 되므로 부부간에 불화가 심하다.

절대 만나서는 안 되는 宮合은, 丁火 日干이 丙火 日干의 처를 만나게 되면 서로 후회하고 원망하며, 결국 이별하게 된다. 이유는 丁火(촛불)로 태어난 남편이 丙火(태양)의 처를 만나는 격으로 서로 불만이 많아 결국 헤어지고 만다. 丁火(촛불)는 아침에 태양이 떠오르면 자기의 존재 가치가 없기 때문이다.

4) 자녀궁

아들은 偏官으로 보고, 正官은 딸로 보는데, 申 중에 壬水(正官)가 지장간에 숨어 있으므로 자녀 덕은 없다.

5) 재물운

火 日干이 偏財運을 만나야 사업 운이 오는데, 51세부터 55세까지 5년 간 偏財運이라 사업 운이 들어온다.

6) 공부운

21세부터 25세까지는 正印運이라 공부가 잘되어 대학에 들어가서 졸업할 때까지 공부가 잘된다.

7) 初年 大運에 財星(正財, 偏財)運이 들어오면, 대학에 합격할 수 없다. 이유는 財星이 印星(學問)을 극하여 학마살(學魔殺)이 되기 때문이다.

8) 공부 운은 初年 大運이 食神運이나, 正官運, 正印運을 만나야 合格이 되고, 학문이 발전한다.

第3題. 乾命 (남편)

					65	55	45	35	25	15	5
甲	甲	己	甲		丙	乙	甲	癸	壬	辛	庚
戌	寅	巳	子		子	亥	戌	酉	申	未	午

1) 甲 日干이 巳月, 염하절(炎夏節)에 生하여 失令했으나, 他干에 甲木이 2개가 있고, 年支에 子水가 生하며, 日支에도 寅木이 있으므로 신강사주이다. 그러나 巳·午·未, 夏節에 生하면 身强四柱, 身弱四柱를 불문하고 水가 조후용신(調候用

神)이고, 金이 喜神이다.

2) 성격(性格)

성격은 月支가 食神이라 온순하고 총명하며, 예의가 바르고 도량(度量)이 넓다. 또한 甲木은 큰 나무(巨木)이므로, 굴복을 싫어하고 자존심이 강하며, 학창 시절에는 소위 왕따를 당하는 사주로서 독불장군이다.

3) 부부궁

四柱 干支에 比劫이 3개 이상 있으면, 男女 불문하고 결혼 후에 반드시 후회하게 되고, 이별하는 不吉한 사주이다. 더욱이 日支, 배우자 궁이 三刑이나, 相沖하면, 이별하거나 불화가 심하다. 本命은 日支에 寅巳 三刑, 相沖이되어 夫婦宮이 不安하다.

4) 자녀궁

男命은 官星이 子女인데, 干支에는 官星이 없고, 지장간에 숨어 있어 자식 덕은 없다. 특히 時柱를 자식궁으로 보는데, 時柱에 忌神이 있으므로 효자(孝子)는 못 둔다.

5) 재산운

比劫이 많고, 財星이 弱하여 소위 군비쟁재(群比爭財) 四柱로서, 처복과 재물 복은 없다. 그러나 51세부터 55세까지 5년간 戌(偏財) 大運이라 직장을 그만두고, 사업해도 되는 吉運이다. 그리고 亥·子·丑 大運부터 水 大運이 오므로 喜神 大運이라 말년에는 발복하겠다.

6) 공망운(空亡運)

甲寅 日生은 子丑이 空亡이라 음력 11월, 12월은 평생 해마다 결혼, 이사, 개업, 사업변동 등은 절대 하면 안 된다.

7) 삼재운(三災運)

申·子·辰 生은 寅·卯·辰 年, 3년간 三災運인데, 본인이 쥐(子)이므로 甲辰 年에 三災라서 건강과 금전거래를 조심해야 한다.

第4題. 女命 (처)

				63	53	43	33	23	13	3
甲	己	己	乙	丙	乙	甲	癸	壬	辛	庚
戌	巳	丑	丑	申	未	午	巳	辰	卯	寅

1) 이 四柱는 위 第3題에서 설명한 甲子 年生 남자의 妻 四柱이다. 두 분이 같이 왔는데 四柱를 보고, 한눈에 들어오므로 미리 양해를 구했다. 서운한 말을 해도 이해해야 한다고 미리 동의(同意)를 받은 뒤에 설명해 주었다.

2) 처는 己土(田畓)로 태어났는데, 추운 겨울에 태어나서 한냉(寒冷)하므로 따뜻한 木火가 喜神이 된다. 日支에 巳火 喜神이 있으나, 巳丑이 공합(拱合)이 되므로 무용지물이 되어 아쉽다.

3) **성격**

月支가 比肩星이라, 겉으로 보기에는 침착하고 온순해 보이나, 자존심이 강하고 매사 자기 본위로 행동하며, 고집이 대단하고 독립심이 강하다.

또한 어려움이 닥쳐도 남에게 의지하지 않는 성격이다.

4) **부부궁**

四柱 干支에 比劫이 4개나 있으므로, 결혼한 후에 바로 후회하게 되고, 불화(不和)가 심하여 결국 이별하는 四柱이다. 따라서 고독하고, 혼자 사는 독신팔자라고 말해 주었다.

5) **궁합운**

남편 사주에 甲木이 4개나 있어, 己土인 正財(본처)를 극상(剋傷)하므로 처가 들어갈 자리가 없다. 이러한 사주는 어떤 여자를 만나도 이별을 암시하고 있다. 즉 군비쟁재(群比爭財) 四柱이다.

또한 처의 사주에는, 己土 日干이 干支에 土가 4개나 있어 너무 사주가 강하여 여장부(女丈夫)의 사주이다.

이런 사주는 결혼하자마자 바로 후회하게 되므로 차라리 독신 생활이 적당하다. 따라서 宮合상으로 볼 때, 둘 다 서로 절대 만나서는 안 되는 인연이라고 말해 주었다.

6) **재산운**

己土 日干은 癸水가 偏財運이라 34세부터 38세까지 5년간은 사업 운이 있으므로 사업할 운이다. 39세 이후로 68세까지는 喜神大運을 만나 무난(無難)할 것이다.

7) **직업운**

己土가 丑月, 추운 계절에 태어나, 火(태양)가 喜神이므로 미장원, 화장품 대리점, 피부미용 등이 좋다고 하니, 현재 미장원을 34세 때부터 시작하여 현재까지 영업 중이라 한다.

第5題. 乾命

				64	54	44	34	24	14	4
戊	丙	己	己		壬	癸	甲	乙	丙	丁	戊
戌	戌	巳	未		戌	亥	子	丑	寅	卯	辰

1) 丙 日干이 巳월, 여름철에 태어나 득령(得令)하였으나, 命中에 土가 6개나 있어 설기(泄氣)가 심하여 身弱四柱이다.

2) 巳월은 염화절(炎火節)이라 水가 필요한데, 사주 내에 水가 없고, 木도 없다. 土가 많으면 반드시 木으로 소토(疎土)해 주어야 하고, 또한 水가 木을 도와주므로 吉한데, 四柱 내에 水, 木이 없어 아쉽다. 따라서 土가 많으면 水, 木 運에 발전하고, 火, 土 運에는 발전이 안 되고 고통이 심하다. 따라서 土 多命은 水, 木 運에 발전한다.

3) 성격은 月支에 比肩이 있으므로, 곁으로 보기에는 온순해 보이나, 자존심이 강하고, 매사 자기 뜻대로 결정하며, 고집이 대단하고, 어려워도 남에게 의지하기를 싫어한다.

4) **부부궁**

正財가 本妻인데, 四柱 내에 正財가 없으므로 처덕은 없고, 두 살 아래 辛酉生 여자가 인연이다.

양(未)띠 남자는 쥐(子)띠 여자를 만나면 원진살이 되어 서로 원망하고 미워하므로 부부 해로가 어렵다.

5) **자손운**

男命은 官星이 자식인데, 관성인 水가 없으므로 子女가 없다. 水가 없으면 水가 있는 여자를 구해야 자식을 얻는다. 3살 아래 壬戌生 여자를 만나면 아들(偏官)을 얻게 된다.

6) **재산운**

初年 大運에 木 大運이 와서 丙火를 生하며, 또 많은 土를 木으로 소토(疎土)하는 운이라 부모덕으로 편안했다. 또한 다행하게도 30세부터 69세까지 水, 木 大運으로 진행되므로 무난할 것이다.

7) **직업운**

직업을 선택할 때는 제일 먼저, 四柱 내에 없는 五行이 바로 나의 직업으로 보고, 다음에는 四柱 내에 많은 五行도 직업으로 볼 수 있으며, 또한 財星 五行이 직업일 수 있다.

本命은 사주 내에 土가 많으므로, 土와 관계되는 부동산(땅, 건물) 토목사업 등이 적성에 맞는다. 또한 사주 내에 水, 木이 없으므로 水와 관계되는 식당 목욕탕, 식품사업, 수산업 등이 맞고, 木은 가구점, 섬유, 의류, 꽃집 등이 인연이다.

第6題. 乾命

				68	58	48	38	28	18	8
丙	庚	辛	丁	甲	乙	丙	丁	戊	己	庚
子	子	亥	未	辰	巳	午	未	申	酉	戌

1) 庚 日干이 亥月, 한동절(寒冬節)에 생하여 조후법상으로 당연히 丁 火가 用神이다.

2) 이유는 四柱 내에 水가 많으므로 水를 극제(剋制)하는 土가 제방(堤防) 역할을 하므로, 木, 火, 土 運에 발전하고, 金, 水 運에는 不吉하다.

3) 四柱보다 大運의 흐름이 중요한데, 이유는 선박이 아무리 좋아도 파도가 심하여 풍랑이 일어나면 불리한 이치이다. 그런데 이 四柱는 38세까지 忌神 大運이라 고난이 많겠고, 39세 丁未 大運부터 68세까지 약 30년간 喜神 大運이라 발전하겠다.

4) 四柱 내에 木이 없으므로, 인내심과 집중력이 부족하여 공부가 안된다. 그러므로 4년제 대학은 어렵고, 전문대학으로 진학하라. 책상 위에 항상 꽃나무를 키우고, 늘 나무를 감상하라.

5) **부부궁**

四柱 내에 木(財星)이 없어 처 덕이 없고, 늦게 결혼할 팔자이다. 木이 처가 되므로, 木 띠가 좋은데 乙丑생 여자나, 丁卯생 여자를 구하는 것이 좋다.

第7題. 坤命

				63	53	43	33	23	13	3
甲	甲	辛	己	戊	丁	丙	乙	甲	癸	壬
戌	寅	未	亥	寅	丑	子	亥	戌	酉	申

1) 甲木이 未月, 염하절(炎夏節)에 生하여 조후법(調候法)상으로 반드시 水가 필요한데, 年支에 亥水가 있다.

2) 亥水를 用神으로 삼으나, 역시 계절의 변화는 따라가야 하므로 金, 水 運에 발전하고, 木, 火, 土 運에는 발전이 없다. 木은 꽃을 피우기 위해 존재하므로 水分과, 태양의 열기(熱氣)가 필요한 법이다.

3) 女命은 官星이 남편인데, 辛金이 未土(모래 흙) 위에 있으므로 官星이 약하여 남편 복은 적다.

4) **궁합운**

   未月의 甲木이 四柱 내에 火가 없으므로, 따뜻한 마음 사랑이 없으며, 남편의 띠가 용(辰)띠는 원진살이라 안 되고, 뱀(巳)띠는 相沖殺이라 피해야 한다.

5) **자녀운**

   火 五行이 子女인데, 28세, 丙寅年에 입태(入胎)하여 29세 丁卯年에 生男한다.

6) **재산운**

   正財는 월급으로 일군 재산 복이고, 偏財는 사업을 해서 쌓은 재산 복이다. 四柱 내에 正財가 있고, 時支에 偏財가 있으므로 직장 생활을 하다가 뒤에 사업을 할 수 있는 사주이다.

   甲木 日干은 甲 大運과 乙 大運에는 比劫 大運이므로, 절대 사업하면 안 되고, 직장 생활 하는 것이 정답이다.

7) **직업운**

   四柱 내에 木이 많으므로 木과 관계되는 의류 사업이나 섬유 사업이 적당하고,

또한 사주 내에 火가 없으므로 화장품이나 미용실이 적성에 맞다.

8) 건강운

四柱 내에 없는 五行을 질병(疾病)으로 보는데, 本命에는 火가 없다.

火는 심장, 혈압, 시력이 약하고, 신경쇠약증과 우울증을 걱정해야 한다.

第8題. 坤命

					63	53	43	33	23	13	3
戊	戊	丁	庚		庚	辛	壬	癸	甲	乙	丙
午	申	亥	子		辰	巳	午	未	申	酉	戌

1) 戊土 日干이 亥月에 生하여 춥고, 한냉(寒冷)한 계절이므로 조후법(調候法)상으로 온난(溫暖)한 火氣가 시급하다.

2) 身强, 身弱 불문하고, 巳·午·未 月, 夏節생은 水가 조후용신이고, 亥·子·丑 月, 冬節생은 따뜻한 온기(溫氣)가 필요하므로 火를 조후용신으로 삼는다.

四柱를 감정할 때, 거의 모든 命理學者가 身强四柱인지, 身弱四柱인지를 판단하려고 몰두하는데, 四柱는 오직 陰陽의 변화법칙이요, 천지운기(天地運氣)의 기상학(氣象學)적 자연 원리에 바탕을 두고 있다.

사람이나 동식물(動植物)을 불문하고, 기후변화에 따라 한습(寒濕)과 조열(燥熱)을 조화시키는 것이 자연의 대 법칙이며 원리이다. 이 원리를 모르고서는 사주를 제대로 판단할 수 없고, 한 치 앞으로 나아갈 수 없는 氣 철학이요, 자연과학이다.

3) 부부운

本命은 木이 남편인데, 사주 干支에는 없고, 지장간의 月支 亥 중에 甲木이 하나 있으므로 한 사람의 남편과 일부종사(一夫從事)하는 사주이다.

그러나 누구에게 시집가도 부자 복이 있는 남편은 아니다. 이유는 남편이 사주 干支에 나타나지 않고, 지장간에 숨어 있는 격이라 남편행세를 못 하므로, 여자 본인이 생활전선에 나가서 활동해야 하는 불행한 팔자이다.

4) 자손운

年干에 있는 庚金이 食神인데, 庚金이 日支, 申金에 通根이 되어 아들 덕이 있다. 女命은 食神이 아들이고, 傷官을 딸로 본다.

古典 命理學者들은 傷官을 아들로 보고, 食神을 딸로 보는데, 임상 결과 동의할 수 없었다. 이유는 陽은 남자요, 陰은 여자이다. 食神은 陽(男)이고, 傷官은 陰(女)이기 때문이다.(유명한 제산(霽山), 부산 박도사도 食神을 아들로 보고, 傷官을 딸로 본다)

5) 재산운

月支에 偏財가 있으므로 상업 부자 그릇이다. 偏財가 天干에 투간(透干)하면 기업가로서 大富 그릇이고, 偏財가 地支에 있으면 상업이나 도매상을 하는 中富 그릇이다.

44세부터 48세까지 5년간 壬,水 大運으로 偏財 大運이라 평생 처음으로 오는 吉 大運인데, 이때 본인이 사업하면 성공한다. 그리고 巳·午·未 大運(34세~63세)에는 다행히 喜神 大運이라 中富는 된다.

6) 水는 財星이므로 土運이 오면 막혀서 유통(流通)이 안 되고 실패한다. 이유는 土는 比, 劫運이기 때문이다.

第9題. 乾命

						69	59	49	39	29	19	9
丙	庚	己	丙			丙	乙	甲	癸	壬	辛	庚
戌	寅	亥	戌			午	巳	辰	卯	寅	丑	子

1) 부부운

日支의 妻宮이 偏財라 재산 복과 처복을 타고난 사람이다. 그러므로 재산 관리를 처에게 맡겨야 하며, 본인이 재산 관리하면 돈이 모이지 않고 낭비하게 된다.

2) 궁합운

男命이 개(戌)띠이므로 뱀(巳)띠는 원진살(元辰殺)이 되고, 용(辰)는 相沖殺이 되므로 절대 피해야 한다.

3) 자손운

丙火, 偏官이 2개 있어, 아들은 2子까지 생산한다. 日支 寅 중에 丙火가 있어 通根이 되므로 아들들은 유능한 자식이다.

4) 재산운

偏財는 큰 부자 그릇이나, 偏財가 天干에 있으면 大富 팔자이고, 地支에 있으면 中富 그릇이기에 기업가는 못 되고, 상업이나 도매업이 적성이다.

5) 月支에 亥가 역마살이라, 44세까지 선원(船員)으로 일했다.

第10題. 乾命

				75	65	55	45	35	25	15	5
己	辛	壬	甲	庚	己	戊	丁	丙	乙	甲	癸
丑	酉	申	申	辰	卯	寅	丑	子	亥	戌	酉

1) 부부궁

正財(本妻)는 있고, 偏財(後妻)가 없으니, 本妻 한 분과 해로(偕老)한다. 本命은 木이 재산도 되고, 처복도 된다.

2) 건강운

命中에 火가 없다. 四柱 내에 없는 五行을 질병으로 본다. 그러므로 심장병과 혈압을 조심하고, 눈을 火로 보는데, 命中에 火가 없으므로 눈이 밝지 못하여 안경을 써야 한다.

3) 재산운

木이 재산인데, 木이 土 위에 있어야 뿌리가 단단하고, 바람이 불어도 쓰러지지 않는데, 申金 위에 있으니 약하다. 그리고 木이 金運을 만나면 실패하고 손재하며, 고생하는데, 命中에 金이 4개나 있다.

75세까지는 金 大運이 오지 않아서 참으로 다행이다. 이유는 金은 比劫運이기 때문이다. 比劫運에 사업하면 실패한다.

4) 甲申 年生은 寅, 卯, 辰 年을 만나면 三災年이라 손재와 고통이 오므로 이때는 금 전거래와 건강을 조심해야 한다.

第11題. 乾命

						64	54	44	34	24	14	4
丁	丁	丙	戊			癸	壬	辛	庚	己	戊	丁
未	丑	辰	子			亥	戌	酉	申	未	午	巳

1) 月支 傷官格이라 머리가 비상하고 총명하며, 지혜와 능력을 타인에게 베풀고 봉사하는 성격이다. 그러나 직언(直言)을 잘하고 비밀이 없으며, 오만하고 자존심이 강한 것이 특징이다.

2) **건강운**

四柱 내에 木과 金이 없는데, 木은 간목(肝木)이므로 간, 담, 신경계통이 좋지 않고, 金은 기관지(氣管支), 호흡기, 폐, 대장 등이 약하다.

3) **부부궁**

金 五行이 財星(처복)인데, 命中에 金이 없으므로 金運이 올 때까지 기다려야 한다. 언제냐? 사주 내에 金(財星)이 없으면 늦게 결혼해야 하는데, 33세, 庚申 年에 인연이 나타난다.

4) **재산운**

35세부터 44세까지 10년간은 正財 運이라 직장 생활하다가 45세부터 54세까지 10년간은 偏財 大運이라 사업해도 된다.

5) 丁 日干은 촛불이라 밤에 태어나야 좋은데, 낮에 태어나서 불이 밝지 못하여 약하다.

第12題. 坤命

55	45	35	25	15	5

辛 乙 己 乙 　　　　乙 甲 癸 壬 辛 庚

巳 亥 卯 巳 　　　　酉 申 未 午 巳 辰

1) 부부궁

時干의 辛金이 乙 日干의 남편인데, 辛金이 火(불) 위에 앉아 있어 弱하므로 남편의 출세 운도 없고, 병약(病弱)하다.

2) 자손운

女命은 食神을 아들로 보고, 傷官을 딸로 본다. 命中에 傷官이 둘이 있다.

3) 재산운

月干에 偏財가 있으므로 사업 운이 있다. 61세부터 65세까지 5년간 偏財 大運이 와서 재산 발전하는 재물 운이다. 木運은 土를 相剋하므로 실패한다. 즉 木은 比劫 大運이기 때문이다.

四柱 내에 亥卯 半合을 이루어, 木이 많은 것은 不利하니 3층, 8층 아파트는 피하는 것이 좋고, 5층과 10층은 재물(土)이 들어온다.

第13題. 乾命

65	55	45	35	25	15	5

甲 己 戊 庚 　　乙 甲 癸 壬 辛 庚 己

戌 亥 子 辰 　　未 午 巳 辰 卯 寅 丑

1) 己土 日干이 子월의 겨울에 생하여, 한습(寒濕)하므로 火가 조후용신이다. 命中에 火가 없으므로 巳, 午, 未 大運에 발전하고, 木 大運 역시 吉하다.(46세부터 75세까지 발전 운)

2) **성격**

月支가 偏財라 의리가 있고, 사교성은 있으나, 돈의 낭비가 심하고 투기(投機)를 즐기며, 돈 욕심도 많다.

3) **재산운**

正財는 월급 재산이고, 偏財는 사업 재산인데, 偏財가 月支에 있으므로 사업하는 것이 적성이다.

4) 28세부터 32세까지는 卯 大運이라 官星 運이고, 33세부터 42세까지 壬辰 大運으로 正財 運이므로 직장 생활이 적당하다. 官星 運과 正財 運은 월급 받는 직장운이다.

5) 46세, 癸 大運은 偏財 大運으로 사업을 해도 되는 운이라 재산이 발전한다. 그리고 51세, 巳 大運부터 乙 大運까지 20년간 木火 喜神 大運이라 부자가 된다.

6) 水는 재물인데, 土 運에는 水를 막으므로 실패한다.

第14題. 坤命

				64	54	44	34	24	14	4
癸	癸	癸	丁	庚	己	戊	丁	丙	乙	甲
亥	卯	卯	亥	戌	酉	申	未	午	巳	辰

1) 天干에 水가 3개 나란히 있어 총명하고 지능이 많으며, 안목(眼目)도 밝다. 木이 많은 四柱는 공부 재주가 있고, 火가 많은 四柱는 판단력이 빠르다. 반대로 사

주 내에 木이 없는 四柱는 공부 재주가 없고, 火가 없는 사주는 판단력이 느리며, 水가 없는 사주는 총명하지 않다.

2) 丁火, 偏財가 年干에 투간(透干)하였는데, 火가 木 위에 있으면 대발하는데, 亥水 위에 있는 火라서 발전이 없다.

3) **성격**

月支가 食神이라 온순하고 예의가 바르며, 총명하고 다재다능(多才多能)하다. 또한 마음도 넓은 사람이다.

4) **부부궁**

女命이 돼지(亥)띠이므로 용(辰)띠와는 인연이 없다. 용(辰)띠의 남편을 만나면 원진살이 되어 부부 해로가 어렵고 서로 원망하게 된다.

5) 四柱 내에 金이 없으므로 건강상으로 기관지, 호흡기, 폐, 대장이 약하다.

第15題. 坤命

				68	58	48	38	28	18	8
庚	壬	癸	甲	丙	丁	戊	己	庚	辛	壬
戌	午	酉	辰	寅	卯	辰	巳	午	未	申

1) 四柱 내에 五行이 모두 구비되어 있으므로, 액운이 와도 적게 오고 가볍게 지나간다. 약 70%는 五行 중에 한두 개 이상 없는 경우가 허다하다.

2) **자손궁**

年干의 甲木이 食神인데, 아들이 하나 있다. 그리고 甲 木이 土 위에 있으니 아들이 건강하다. 木이 土 위에 있으면 木剋土한다고 잘못 판단하는데, 木은 土 위에 있어야 뿌리가 단단한 법이다.

3) **재산운**

壬 日干은 火가 재산인데, 日支에 正財만 있고, 偏財가 없으므로 직장 생활해야 한다. 78세까지 火를 剋하는 水 大運이 없어 실패 운이 없고, 점차로 발전하는 大運이다.

4) 56세부터 65세까지는 中富복이고, 69세부터 78세까지는 偏財 大運이라 大福이 들어온다.

5) 火오행이 財星이면, 火를 생산하는 食神 運도 吉하며, 火 재산을 관리하고 보전하는 官星 運도 좋다. 따라서 木, 火 土運은 吉하고, 金, 水 運에는 손재수가 따르니 금전거래는 하지 마라.

第16題. 乾命

				66	56	46	36	26	16	6
丁	辛	丁	癸	庚	辛	壬	癸	甲	乙	丙
酉	卯	巳	酉	戌	亥	子	丑	寅	卯	辰

1) 辛 日干이 四柱 내에 火오행이 많으므로 조후법상으로 年干의 癸水가 용신이다. 癸水가 年支 酉의 生助를 받고 있으므로 通根이 되어 용신이 될 자격이 있다.

2) **부부궁**

辛 日干의 처는 日支의 卯木이다. 日支의 妻宮에 卯木이 偏財星이라 처복과 재산 복이 들어 있다. 범(寅)띠 남편을 만나면 원진살이 되어 불리하고, 소(丑)띠를 만나면 三合이 되어 좋은 인연이다.

3) 日時에 卯酉 相沖이 되고, 月支에 역마살이 되어 고향을 떠나 객지 생활을 하게 된다.

4) 四柱 內에 火가 많아 水가 필요하므로, 외국 이민이나 바다로 진출하여야 성공한다.

5) 木이 재산이므로 木運(財星)이나 水運(食神)과 火運(官星)에 발전이 되고, 金運(比劫)은 木(財星)을 剋하므로 실패한다.

6) 아파트나 주택에 살면 집 주위에 물이 흐르는 곳이 좋다. 木이 財星(재물)이면 3층이나 8층이 좋다.

第17題. 乾命

					68	58	48	38	28	18	8
戊	己	乙	己		戊	己	庚	辛	壬	癸	甲
辰	酉	亥	酉		辰	巳	午	未	申	酉	戌

1) 己 日干은 농토(전답)이므로 계절상으로 巳·午·未 月, 여름철에 태어나야 좋은데, 亥월, 寒冬節에 생하여 火氣가 필요하다, 그런데 이 사주에는 火(태양)가 없다.

2) 命中에 亥水가 妻인데, 1水가 있으니, 1妻와 해로하는 팔자이다. 正財가 2개 이상이면 偏財로 변한다.

3) **궁합운**

사주 내에 火가 없으므로 처의 사주에 말(午)띠나, 양(未)띠가 시집오면 火를 보충할 수 있다. 범띠(寅)는 원진살이라 불화가 있으니 피하고, 소(丑)띠는 三合이 되어 좋은 궁합이다.

4) **재산운**

亥水(正財)가 월급 재산인데, 正財가 하나 있으면 평생 직장 생활을 하는 운이고, 正財가 2개 이상 있으면 직장 생활을 하다가 사업으로 변동되는 운이다.

5) 사업 운을 볼 때, 꼭 명심할 것은, 水가 재산이라면 土運에 사업을 시작하거나, 土運에 사업을 계속하면 반드시 재산 실패한다. 本命은 59세부터 78세까지 20년간 土 大運이라 사업하면 실패한다.

第18題. 坤命

				77	67	57	47	37	27	17	7
乙	癸	乙	癸	癸	壬	辛	庚	己	戊	丁	丙
卯	亥	丑	卯	酉	申	未	午	巳	辰	卯	寅

1) 丑月의 한냉절(寒冷節)이라 조후법상 木, 火가 喜神이다. 初, 中年 大運은 무난하겠다. 火가 재산 복인데 四柱 내에 없다.

2) **성격**

月支에 偏官이 있어 자존심이 강하고, 시비를 즐기며, 권모술수에 능하고 남편에게도 지지 않는 성격이다.

3) **부부운**

月支에 있는 丑土(偏官)가 남편인데, 正官이 命中에 없으면 偏官을 남편으로 본다. 또 正官, 偏官이 모두 없으면 財星을 남편으로 본다.

4) **자녀운**

食神이 4개 있으므로 아들은 넷으로 보이나, 日時가 亥卯 三合이 되어 1子를 잃고, 3子가 종신(終身)하게 된다.

5) **직업운**

사주 내에 없는 오행이 직업이 되는데, 사주 내에 金이 없으므로 귀금속, 악세사리 등이 적성이다.

第19題. 乾命

				65	55	45	35	25	15	5
壬	甲	癸	辛	丙	丁	戊	己	庚	辛	壬
申	寅	巳	丑	戌	亥	子	丑	寅	卯	辰

1) 성격

月支가 食神이라 총명하고 온순하며, 예의가 바르고 마음도 넓으며, 인품이 훌륭한 사람이다.

2) 부부운

日支가 寅·巳·申 三刑이 되면 不和로 인하여 이혼하거나 별거하게 된다. 본인의 사주에 土가 처인데, 年支에 丑土가 있으므로 甲木이 뿌리를 내릴 수 있어 다행이다.

3) 궁합운

소(丑)띠가 말(午)띠를 만나면 원진살이 되어 피하는 것이 좋고, 뱀(巳)띠가 三合이 되어 좋은 배필이다.

4) 재산운

46세부터 50세까지 戊土, 偏財 大運이라 재산이 증식하는 운이다. 亥·子·丑, 水 大運에는 喜神大運이라 무난할 것이다.

第20題. 乾命

				65	55	45	35	25	15	5
甲	辛	丙	己	己	庚	辛	壬	癸	甲	乙
午	巳	寅	丑	未	申	酉	戌	亥	子	丑

1) 寅月은 사주 내에 火가 필요하다. 本命은 다행히 四柱 내에 木, 火가 많아 조후 (調候)가 되었다. 木, 火는 辛 日干을 剋하므로 오히려 火를 제극(制剋)하는 年支의 丑土(濕土)가 喜神이 된다.

2) **부부운**

소(丑)띠는 뱀(巳)띠와 三合이 되어 가정이 화목하고 재산 복을 채워준다. 그러나 양(未)띠는 相沖殺이 되고, 말(午)띠는 원진살이 되므로 피해야 하는 인연이다.

3) **자녀운**

男命은 偏官이 아들인데 아들이 하나, 딸(正官)이 둘 있다.

4) **재산운**

正財가 하나 있으면 직장 생활인데, 正財가 2개 있으므로 직장 생활하다가 사업을 하게 된다.

5) 辛 日干은 木이 재산인데, 金 大運이나, 金 歲運(申年, 酉年, 庚年, 辛年)에는 반드시 손재수가 있으니 조심해야 한다.

第21題. 乾命

					73	63	53	43	33	23	13	3
丙	丙	癸	壬		辛	庚	己	戊	丁	丙	乙	甲
申	子	丑	辰		酉	申	未	午	巳	辰	卯	寅
(空)												

1) 조후(調候)가 급하므로 당연히 丙火가 용신이다. 그러나 時支에 있는 申金이 空亡이다. 地支가 空亡이 되면 天干도 空亡이 되므로, 時干의 丙火는 쓸모없고, 年支의 辰 중에 있는 乙木은 습목(濕木)이고, 申·子·辰 三合이 되어 쓸 수 없다.

2) **부부궁**

   丙 日干의 처는 申金인데, 사주 바탕에 1金 즉 1妻가 있으니, 평생 本妻와 해로한다. 그러나 申金이 空亡이 되어, 처는 無力하고 도움이 안 되므로 처덕은 없다.

3) **재산운**

   時支의 申金이 재산인데, 空亡殺이 있어 큰 재물 복은 없다. 특히 火業은 金을 녹이니 전기, 전자, 석유 사업 등은 불리하다.

4) 사주 내에 正財는 없고, 偏財만 있으므로 사업을 하되, 상업이나 도매상, 납품업 등이 좋다. 이유는 偏財가 天干에 있으면 기업 혹은 생산업인 데 반해서, 偏財가 地支에 있으면 도매상이나 상업 방면이 맞는다.

5) 64세부터 73세까지 偏財大運이 와서 발전한다. 그러나 金을 극하는 火 大運은 실패하고 손재하고 고통이다.

第22題. 乾命

				64	54	44	34	24	14	4
丙	庚	壬	壬	己	戊	丁	丙	乙	甲	癸
戌	子	寅	辰	酉	申	未	午	巳	辰	卯

1) 寅月은 丑月의 연장이므로, 아직 寒冷한 계절이라 온화한 丙火가 필요하다. 丙火가 寅 중의 丙火와 통근이 되어 희신이다.

2) 日支의 子에서 寅이 역마살이 되고, 壬水가 天干에 투출하므로 외국으로 유학가는 사주이다. 壬水는 바다 건너 외국을 뜻한다. 특히 水가 많은 사주는 캐나다, 미국으로 진출한다.

3) **부부운**

본인이 용(辰)띠이므로 원숭이(申)띠가 三合이 되어 좋은 인연이 된다. 그러나 돼지(亥)띠는 원진살이 되므로 불리하다.

4) **자녀운**

時干에 偏官(아들)이 있고, 寅 중에 丙火가 있으므로 2男을 두게 되나, 1子는 부실하다.

5) **재산운**

木이 재산인데, 正月의 木은 아직 寒氣가 남아 있으므로 火運이 와야 春木이 꽃을 피우는 운이다. 25세부터 54세까지 巳·午·未 火大運이라 발전할 것이다. 그러나 54세부터 土, 金 大運이라 노력만 소모하게 된다.

第23題. 坤命

					66	56	46	36	26	16	6
丙	己	乙	癸		壬	辛	庚	己	戊	丁	丙
寅	未	卯	卯		戌	酉	申	未	午	巳	辰

1) **부부궁**

木이 己土 日干의 남편이 되는데, 命中에 4木이 있으니 남편이 넷이 있다는 뜻이다. 이것을 소위 관살혼잡(官殺混雜)이라고 표현한다. 관살혼잡이 되면 재혼하는 사주팔자이다.

2) 日支, 남편 궁에 있는 未土가 모래와 같은 조토(燥土)이므로 木 남편이 뿌리를 내릴 수 없다. 木이 시들어서 꽃도 피지 못하고 열매(아들)도 맺지 못하는 결과가 된다. 차라리 독신주의가 좋다.

3) **자녀운**

사주 내에 金이 없어 자식이 없다. 女命은 食神이 아들이고, 傷官을 딸로 본다.

4) **재산운**

癸水, 偏財가 있으나, 水運이 들어와도 그릇(金)이 없으면 水를 보관하지 못하는데 金 大運이 들어오는 47세부터 66세까지 약 20년간은 재산 복이 있다. 72세부터 76세까지 5년간, 戌 大運은 劫財 大運이라 水가 마르므로 사업하면 필패한다.

第24題. 坤命

					64	54	44	34	24	14	4
壬	戊	癸	癸		庚	己	戊	丁	丙	乙	甲
子	午	亥	亥		午	巳	辰	卯	寅	丑	子

1) 부부궁

戊土 日干이 亥月의 寒土인데, 日支에 午가 조후용신(調候用神)이 되므로 남편 덕은 있다.

2) 궁합운

사주 내에 6水가 있어 水多四柱이므로 남편 四柱에도 水가 많으면 반드시 이별한다. 水를 막아주는 土가 최길(最吉)이고, 火가 많은 남편을 만나야 좋은 인연이다.

3)

사주 내에 木이 없어 시험 운이 적으므로, 木이 있는 大學으로 진학하는 것이 좋다. 木이 붙어 있는 大學을 예를 들면, 경주에 있는 東國大學이나 혹은 부산의 東義大學, 서울에 있는 檀國大學 등을 들 수 있다.

4) 공부 재주 분석

木이 없으면 공부재주와 시험 운이 없다.

火가 없으면 판단력이 부족하여 시험 운이 적다.

水가 없으면 기억력이 떨어져서 공부가 잘 되지 않는다.

반대로 命中에 木이 많거나, 火가 많거나 水가 많으면 오히려 공부재주가 있고, 판단력과 기억력이 대단히 좋다.

5) 재물운

사주 내에 水 五行(財星)이 너무 많으므로 財星이 많으면 無財四柱이다. 옛 말에 부옥빈인(富屋貧人)이란 말이 있듯이, 집은 크고 화려하나 먹을 곡식이 없다는 뜻이다.

6) 사주 내에 木이 官星인데, 官星이 없으면 공무원이나 관직에 나아갈 수 없다. 회사나 일반 직장으로 진출해야 한다.

7) 사주 내에 水(財星)가 많아 일도 많고, 재물은 부자그릇으로 보이나, 오히려 재물복이 없다. 그러나 용신대운을 만나면 재물 복이 들어온다.

8) 사주 내에 木이 없는 사람은 자기 책상 위에 꽃 화분이나 분재(盆栽)로 경치를 만들어 공부하고, 잠 잘 때는 동쪽으로 머리를 두고 자는 것이 좋다.

9) 사주 내에 木 오행이 없는 사람은 3층이나, 8층에 사는 것이 木을 보충하게 되므로 좋다.

10) 사주 내에 水가 없으면 1층이나 6층이 좋고, 火가 없는 사주는 2층이나 7층, 金이 없는 사주는 4층이나 9층이 좋다.

끝으로 土가 없는 사주는 단독주택이 좋은데, 만일 아파트나 연립주택에 들어가면 5층이나 10층이 좋다.

第25題. 乾命

				72	62	52	42	32	22	12	2
癸	戊	癸	丁		乙	丙	丁	戊	己	庚	辛	壬
亥	子	丑	酉		巳	午	未	申	酉	戌	亥	子

1) 丑월의 戊土는 寒土로서, 따뜻한 火(태양)가 있어야 복과 덕이 있는데, 火가 年柱의 부모 자리에 있으나 부모덕을 많이 받지 못한다. 이유는 丁火가 酉金 위에 있기 때문이다.

2) 또한 丑월의 土는 추운 계절이라 水運을 만나면 土가 동결(凍結)되므로 실패와 고생 운인데, 23세부터 말년까지 水運이 없으니 다행이다.

3) 특히 53세 이후로 82세까지 火 대운이라 용신대운을 만나 무난하게 지낸다.

4) **부부궁**

本妻가 日支에 있는 子水(正財)인데, 日支가 子丑 合을 이루어 사랑도 있고 덕도 있다. 그러나 時支에 偏財(애인, 첩)가 있어, 애인이 출입하니 本妻가 노하는 일이 있겠다.

5) **궁합운**

닭(酉)띠는 범(寅)띠를 만나면 원진살이 되어 불화가 심하고 서로 원망하며, 심한 경우 이별하게 된다. 대개 日支와 月支가 합이 되면, 연애결혼하게 된다.

6) **자손운**

亥 중의 甲木은 偏官이 되어 아들이 하나 있고, 正官(딸)은 없다. 자식은 사주 干支에 투출(透出)해야 유능한 자녀인데, 지장간에 숨어 있으면 자식을 두어도 크게 성공하지 못한다.

7) **재산운**

正財는 월급 재산이고, 偏財는 사업 재산인데, 정재와 편재가 있으므로 初年 大運에는 직장 생활을 하다가, 후에 사업을 하게 된다.

초년 28세부터 47세까지는 比劫 大運이라 사업하면 실패하므로 이때는 직장 생활이 적당하다. 比肩, 劫財 大運에 사업하면 身强, 身弱四柱를 불문하고 반드시 실패한다.

火 運에는 동결(凍結)된 水가 해동(解凍)하니, 53세부터 약 30년간 火 大運이라 사업하여도 성공이 된다.

第26題. 乾命

				61	51	41	31	21	11	1
戊	己	丙	癸	己	庚	辛	壬	癸	甲	乙
辰	丑	辰	巳	酉	戌	亥	子	丑	寅	卯

1) 부부궁

癸水가 己土 日干의 처인데, 水는 土가 많으면 막히는 법이다. 己土 日干이 土가 5개나 있어 土多 사주이다. 즉 比劫이 많은 사주이다. 소위 군비쟁재(群比爭財) 四柱라서 오히려 가난하다. 男女를 불문하고 사주 干支에 비견, 겁재가 3개 이상 있으면 결혼하고 바로 후회하는 팔자이다. 독신주의로 살아야 한다. 그래서 이 사주의 주인공도 두 번 결혼했다. 水가 妻인데 土가 많으면 妻가 누구이든 남편 집으로 들어오면 土가 많아서 水(妻)를 冲剋하므로 水가 견디기 힘들어 결국 이별하는 사주이다.

2) 재산운

36세부터 41세까지 偏財 大運이라 재물 복이 있다. 56세부터 65세까지 10년간 比劫 大運이라 土가 水(재산복)를 마르게 하므로 사업하면 실패하니 차라리 직장생활하는 것이 적당하다.

3) 건강운

사주 내에 金이 없으므로 기관지, 호흡기, 폐와 대장이 약하다. 또한 사주 내에 많은 것도 병인데, 土가 많아 위장이 약하다.

第27題. 坤命

					68	58	48	38	28	18	8
丙	乙	甲	戊		丁	戊	己	庚	辛	壬	癸
子	亥	寅	戌		未	申	酉	戌	亥	子	丑

1) 正月의 木 日干은 寒氣가 아직 남아 있어 떨고 있다. 그러므로 火運이 와야 木이 따뜻하여 꽃을 피우는 운이라 길하다. 水가 오면 木이 다시 동결(凍結)하므로 실패하고, 土運이 오면 어린 나무가 뿌리를 내리므로 발전한다. 木은 꽃을 피우는 것이 목적이다.

2) **부부궁**

말(午)띠가 三合이 되어 無에서 有를 창조하는 좋은 인연이다. 그러나 뱀(巳)띠는 원진살이 되어 인연이 아니다.

年支 戌 중에 辛金(偏官)이 있으므로 결혼은 일찍 하게 된다. 23세, 庚申年에 결혼한다. 女命에 남편(官星)이 지장간에 숨어 있으면 남편 복이 부족하여 남편이 부자 되기를 바라지 말고, 본인이 돈을 벌어야 하는 팔자이다.

3) **자손운**

딸(傷官)은 2女가 있고, 아들(食神)은 지장간에 하나 있으나 아들은 능력이 부족하다.

4) **재산운**

年干에 있는 戊土(正財)가 재산 그릇인데, 정재 그릇은 작은 재산 그릇이라 부자 그릇은 못 된다. 적은 재산이라 아껴서 검소하게 살아가는 운인데, 평생 처음으로 49세부터 53세까지 己土, 偏財 大運을 만나 5년간은 재산 복이 들어오는 운이다.

48세 이전에는 運이 약하여 남편의 직업변화가 많다.

44세부터 49세까지는 戌大運이라 戌土는 조토(燥土)이므로, 뜨거운 모래 흙 위에 乙木을 심는 격이라 상업도 어렵다.

5) **사주 총평**

寅月의 木은 아직 寒冷하므로 따뜻한 丙火(태양)가 희신인데, 木, 火 大運을 만나면 발전하고, 金, 水 大運으로 흐르면 되는 일이 없다. 그러므로 사주를 看命할 때는 大運의 흐름을 신중하게 관찰하여야 한다.

大運은 月支의 계절을 기준으로 구성되므로, 계절의 변화는 地支大運을 중심으로 판단하여야 한다.

第28題. 乾命 (남편)

				69	59	49	39	29	19	9
庚	己	癸	庚	庚	己	戊	丁	丙	乙	甲
午	卯	未	午	寅	丑	子	亥	戌	酉	申

1) 己土 日干이 未月, 염하절(炎夏節)에 생하여 조열(燥熱)하므로 月干의 癸水가 조후 용신이다. 용신은 강할수록 좋은데, 未土 위의 癸水라 쇠약하다. 年干의 庚金이 生水하니 다행이다.

2) **성격**

月支가 比肩星이라 겉으로는 침착하고 온순하게 보이나, 자존심이 강하고, 매사 자기주장이 강하며, 고집도 세고, 남에게 의지하지 않는 성격이다.

3) **부부궁**

妻宮에 있는 卯는 卯未 합이 되어 木으로 변하여 忌神이 되므로 불리하나 卯未 합으로 연애 결혼하는 사주이다.

4) 재산운

癸水가 재산 복인데, 天干에 偏財가 투출하여 사업 재산이나, 大運에서 사업 운을 만나야 한다. 55세부터 59세까지 5년간 재산 복이 들어온다. 그러나 60세부터 69세까지 10년간은 比肩大運이라 사업하면 실패한다.

第29題. 坤命 (처)

				65	55	45	35	25	15	5
庚	壬	庚	丙	癸	甲	乙	丙	丁	戊	己
子	辰	子	子	巳	午	未	申	酉	戌	亥

1) 壬 日干이 子月, 寒冬節에 태어나 추운 계절이므로, 年干의 丙火가 조후용신이다. 丙火가 木 위에 있으면 더욱 길한데, 水 위에 있어 약하다.

2) 命中에 水가 많고 辰土(偏官)가 子辰 水局이 되며, 天干에 庚金이 生水하니 身强四柱이다. 男女 불문하고 사주가 强하면 자존심이 强하고 매사 자기본위로 행동한다.

3) 水多하면 바다 건너 외국과 인연이 있는데, 현재 본인은 캐나다에 거주하고 있으며 잠시 귀국했다고 한다.

4) **부부궁**

女命에 水가 많은데, 남편궁인 辰土와 子辰水局이 되어 忌神으로 변했다.

壬 日干, 癸 日干에 태어난 女子는 반드시 年下者이거나, 15세 이상의 남편을 만나야 하는데, 현재 남편이 5살 아래이다.

5) 재산운

45세까지는 忌神大運이라 직장 생활이 적당하고, 43세부터 72세 까지 火運을 만나 발전할 것이다.

第30題. 乾命

					68	58	48	38	28	18	8
甲	甲	己	甲		丙	乙	甲	癸	壬	辛	庚
戌	寅	巳	寅		子	亥	戌	酉	申	未	午

1) 甲木 日干은 봄철에 태어나야 길한데, 巳·午·未 月, 夏節애 생하여 水氣가 필요하다. 身强四柱이다.

2) 巳月生 甲木은 조후법상으로 水氣가 필요한데 命中에 水가 없고, 甲木이 많아 巳중의 庚金으로 작목(斫木)하여야 좋다. 고로 金, 水 運에 발전한다.

3) **부부궁**

日支와 月支가 寅巳 刑殺이 되어 부부 해로가 어렵고 불화가 심하다. 또한 巳가 孤辰殺이 되어 本妻를 두고도 다른 여자를 만나는 운명이다. 古書에 고진삼형 (孤辰三刑)하면 괘관삼방(掛冠三房)이라 하였으니, 여자 셋과 사귀는 팔자이다.

4) 사주에 刑殺이 있으면 몸에 흉터가 있거나, 수술을 하게 된다. 命中에 寅巳가 있는데, 申年을 만나거나, 申月에 寅·巳·申 三刑殺이 완성되어 수술하게 된다. 이 때는 교통사고를 조심해야 한다.

5) **재산운**

甲木은 土오행이 재산 복인데, 54세 戌 大運이 偏財 大運이라 사업해도 된다. 偏財가 地支에 있으므로 상업이나 도매상이 좋다.

第31題. 乾命

				65	55	45	35	25	15	5
戊	丁	丁	丙	甲	癸	壬	辛	庚	己	戊
申	丑	酉	辰	辰	卯	寅	丑	子	亥	戌

1) 丁 日干은 촛불 또는 등불이라, 어두운 밤에 태어나야 빛이 나고 찬란한데, 낮에 태어나면 빛이 흐려 제구실을 못 한다.

2) 木 日干은 봄철에 태어나야 좋고, 火 日干은 여름철이 좋으며, 金 日干은 가을이 좋고 水 日干은 亥, 子, 丑月이 좋다. 冬水는 地下水를 말한다. 本命은 丁 日干이 酉月, 가을에 태어나서 失令하였다. 사주 내에 酉丑 합이 되어 金 多命이라 身弱 四柱이다. 金 多命은 火가 金을 제련(製鍊)해야 하므로 木, 火가 喜神이고, 土, 金, 水는 忌神이다.

3) **부부운**

丁 日干은 酉가 天乙貴人이 되므로, 妻는 아름답고 賢妻이며, 살림을 잘하고, 재물 복이 있으므로 妻에게 살림을 맡겨야 한다.

4) **재물운**

51세부터 70세까지 木運으로 喜神 大運을 만나 무난하였으며, 偏財 大運이 없어 평생 사업 운은 없으므로 직장 생활이 적당하다. 또한 官星이 없으므로 평생 공무원 팔자는 아니다. 金이 많은 사주라 火가 길신인데, 火業은 만인을 敎化하는 종교인, 교사, 복지(福祉) 계통에 종사하는 것이 운명에 맞는다.

第32題. 乾命

				64	54	44	34	24	14	4
辛	丁	甲	癸	丁	戊	己	庚	辛	壬	癸
丑	酉	寅	巳	未	申	酉	戌	亥	子	丑

1) 본인이 丁火(촛불)로 태어나서 밤중에 태어나야 촛불이 밝은데 다행히 丑時, 어두운 밤에 태어났다. 밤은 酉, 戌, 亥, 子, 丑, 寅 時까지를 말한다. 本命은 64세까지 火 運(比劫 運)이 없기 때문에 무난할 것이다.

2) **부부궁**

日支, 妻宮의 酉金은 丁火의 天乙貴人이라 미모가 아름답고, 살림 잘하며, 현처(賢妻)이다. 그러나 개(戌)띠 여자는 원진살이 되니 서로 원망하게 되고, 돼지(亥)띠의 妻는 相沖殺이 되므로 피하는 것이 좋다.

3) **자손운**

아들(偏官)이 하나 있는데, 時干에 偏財가 있으므로 아들은 재산 복을 타고났으며, 아버지보다 재산 복이 더 많다.

4) **재산운**

初年부터 39세까지는 직장 생활이 적당하고, 49세부터 54세까지 偏財 大運이라 사업 재산이 들어온다. 이유는 편재 대운이 들어오고, 이어서 土, 金 運이 계속되어 발전할 것이다.

第33題. 坤命

				70	60	50	40	30	20	10
庚	丁	庚	戊	癸	甲	乙	丙	丁	戊	己
戌	巳	申	戌	丑	寅	卯	辰	巳	午	未

1) 丁 日干이 申月, 金旺節에 태어나 失令했는데, 命中에 土와 金이 많다. 火로서 金을 制剋해야 吉하므로 木, 火 運에 발달한다.

2) **부부궁**

사주 내에 水가 없고, 木이 없다. 水가 남 사랑 받는 그릇인데, 남 사랑을 받지 못하여 항상 불만이 많다. 또한 日支의 巳가 申과 巳申 刑殺이 되어 不吉하다. 月支 申 중에 壬水가 암장했으나 巳申 合으로 남편이 부실하다.

3) **궁합운**

宮合을 볼 때 남자 사주에 水, 木이 있는 남자를 구하여라. 甲午生, 말(午)띠 남자는 三合이 되어 좋은 인연이다.

4) **자손운**

딸(傷官)만 본인 사주에 3女가 있고, 아들(食神)은 없다.

5) **재산운**

사주 내에 財星이 3개나 있는데, 본인의 능력은 무거운 짐을 옮길 수 없다. 그러므로 재산 복은 적다. 소위 富家貧人이다.

第34題. 乾命

戊	丙	丙	壬
子	申	午	午

69	59	49	39	29	19	9
癸	壬	辛	庚	己	戊	丁
丑	子	亥	戌	酉	申	未

1) 炎夏節에 생하여 水가 조후용신이다. 金, 水 大運에 발전하는데, 다행이 金, 水
   大運으로 흐르므로 발전 운이다.

2) **부부궁**

   金오행이 妻인데, 日支에 偏財 하나만 있으므로 1妻로 해로한다. 命中에 火가 많
   으므로 개(戌)띠가 三合이 되어 길하다.

3) **자손운**

   偏官이 아들인데 年干에 있으나, 火(불) 위에 있으니 아들 복은 없다. 時支에 딸
   (正官)이 하나 있는데, 日時 지장간에 戊癸 干合이 되어 딸을 잃게 된다.

4) **재산운**

   日支에 偏財가 있어 처가 재산 복을 타고났으므로, 妻에게 재산관리를 맡겨야
   부자가 된다. 火多 四柱이므로 水 大運에 재산 발전 운이 반드시 온다. 50세부
   터 79세 大運까지 水 喜神 大運이라 최고의 전성기가 온다. 그러나 火運에는 金
   (재산)을 녹이므로 재산 실패하고 妻가 고통을 당하는 액운이다.

第35題. 坤命

				70	60	50	40	30	20	10
丁	庚	己	甲		壬	癸	甲	乙	丙	丁	戊
亥	午	巳	申		戌	亥	子	丑	寅	卯	辰

1) 사주 내에 3火가 있는데, 大運에서 다시 火運이 오면 身病과 실패, 가정 파탄 운이 온다. 다행히 大運에서는 火運이 없어 큰 액운은 면했으나, 巳·午·未 年의 火運이 오면 적은 액운이라도 들어오니 조심해야 한다.

2) **부부궁**

사주에 火가 많아서 金이 약해지므로 재물로 인한 근심과 걱정이 많다. 부부가 모두 火가 많으면 평생 해로가 어렵다. 본인의 사주에 火가 많아서 庚 日干이 약하므로 근심이 많고 건강도 좋지 않다. 庚金이 午火 위에 있으면 뜨거워서 고통이 심하니 가정에서 살림만 하면 건강과 운도 오지 않는다. 차라리 사회활동이나 직장 생활 또는 장사하는 것이 좋겠다.

3) **재산운**

木이 재산인데, 年干의 甲木이 金 위에 있어 약하므로 재산 그릇이 작다.
木運과 水運을 만나면 재산이 발전하는 운이다.

4) 巳, 午, 未 年만 조심하고, 41세부터 70세까지 水 大運을 만나니 大吉 運이 온다. 壬水는 바다 건너 외국과 인연이 있는데 40세, 癸亥 年에 외국으로 이민 가는 운이다.

第36題. 乾命

				87	77	67	57	47	37	27	17	7
丙	丙	己	癸		庚	辛	壬	癸	甲	乙	丙	丁	戊
申	申	未	酉		戌	亥	子	丑	寅	卯	辰	巳	午

1) 四柱 분석

丙 日干이 未月, 염하절(炎夏節)에 태어나 조열(燥熱)하므로 水氣가 급하다. 壬水 (강물)가 길하나, 운명 바탕에 없으므로 부득이 年干의 癸水(雨水)가 조후용신이다. 癸水는 酉 위에 있어 强하다.

2) 부모궁

年柱에 正官과 正財가 있으므로 名門家의 자손이며, 부모덕으로 대학까지 졸업했다. 그러나 癸水(正官)를 己土(傷官)가 沖剋하므로 부친은 27세, 己亥 年에 사망하였다.

3) 부부궁

丙, 丁 日干은 酉가 天乙貴人이므로, 妻는 용모가 아름답고 정숙한 아내로서 살림살이 잘하는 여인이다. 그러나 正財(본처)와 偏財가 혼잡하여 本妻 외에 여자를 보는 운명이다.

4) 자손궁

男命은 正官이 딸이고, 偏官을 아들로 본다. 癸水(正官)가 있어 딸 하나, 아들은 지장간에 둘 있다. 申 중에 壬水가 偏官이다. 그러나 未 중에 丁과 申 중의 壬이 丁壬 干合하여 1子를 잃게 된다.

5) 형제궁

月干을 兄弟宮으로 보는데, 月干에 傷官이 同柱하여 忌神이므로 형제가 아무리 많아도 형제 덕은 없다.

6) 관운(官運)

사주 年干에 官星(벼슬)은 있으나, 木(印星)이 없으므로 官運은 없다. 즉 印星이 없으면 결재 도장이 없다는 뜻이다. 사주에 印星이 없거나 官星이 없으면 공무원 사주는 아니다.

7) 재산운

財多身弱 四柱이므로 재물 복과 처덕은 적다. 또한 妻(財星)는 남편이 보호해야 하는데, 身弱四柱이므로 남편의 능력이 부족한 경우와 같다.

8) 大運 분석

金, 水 大運이 大吉運인데, 初年大運이 木, 火 忌神 大運이라 고난과 고통이 많았다. 그러나 32세, 辰大運부터 5년간 습토(濕土) 運이라 직장에서 승진(昇進)을 거듭하게 되었다. 57세까지 木, 火 大運으로 고난이 많았으나, 58세, 癸, 丑 大運부터 92세까지 金,水 大運이라 무난할 것이다. 그러나 97세, 己土 大運은 癸水 用神을 冲去하고, 大運의 교운기(交運期)가 되므로 생명이 위태롭다. 己土 大運에 양생(養生)만 잘 하면 107세, 戊大運에 戊癸 干合이 되고, 역시 大運의 交運期라 생명이 위태롭다.

第37題. 坤命

				82	72	62	52	42	32	22	12	2
癸	庚	丁	丁		丙	乙	甲	癸	壬	辛	庚	己	戊
未	申	未	丑		辰	卯	寅	丑	子	亥	戌	酉	申

1) 四柱 분석

庚 金이 未月, 염하절(炎夏節)에 생하고, 命中에 丁火와 未土(燥土)가 많아 金, 水

運에 발달하고, 木, 火 運은 不吉하다. 62세까지는 金水 大運이라 무난하겠으나, 63세부터 87세까지 木 大運이라 不吉하다. 83세, 丙大運부터 87세까지 5년간은 忌神 大運이고, 83세, 丙辰大運은 대운교체기(大運交替期)로서 83세, 己亥年에 死亡했다. 대개 大運 교체기에 사망한다.

2) 地支에 印星(母)이 3개 나란히 있어, 어머니를 두 분 모신다. 生母는 일찍 돌아가시고, 계모(繼母)가 들어왔다.

3) **부부궁**

天干에 官星이 투출(透出)했는데, 印星이 많아 설기(泄氣)시키므로 官星이 약하여 남편 덕은 적고, 본인이 생활전선에 나가게 된다. 女命에 正官이 있고 傷官이 있으면, 부부 해로가 어렵고 고독한 운명이다.

4) **자녀운**

女命은 食神이 아들이고, 傷官이 딸인데, 申 중에 壬水가 食神이라 아들이 하나 있고, 딸(癸水)도 하나 있다.

第38題. 乾命

				68	58	48	38	28	18	8
丙	己	癸	辛	丙	丁	戊	己	庚	辛	壬
寅	巳	巳	卯	戌	亥	子	丑	寅	卯	辰

1) 己 土(농토)가 여름에 태어나, 사주 내에 火가 많아 조열하므로 水氣가 조후용신이다. 金, 水 運에 발복(發福)하고, 木, 火, 土運은 불리하다.

2) **성격**

성격은 月支가 正印이라 근면, 성실하고 총명하나 좀 인색한 편이고, 성질은 여름에 태어나서 급한 편이다.

3) **부부궁**

日時에 寅巳 三刑殺이 되어 부부 해로가 어렵다. 69세, 己亥年에 本妻와 이별했는데, 이유는 巳亥冲이 되어 妻宮을 冲剋했기 때문이다.

4) **재산운**

39세부터 53세까지 比劫大運이라, 사업을 해도 재물운이 없어 고난, 고통이 많았으나 54세부터 58세까지 子大運부터 偏財大運을 만나 크게 발전하였다.

5) 金, 水가 喜神이므로 운수사업이 적합한데, 다행히 5톤 트럭으로 운수사업을 운영하여 큰돈을 모았다고 한다.

第39題. 乾命

				66	56	46	36	26	16	6
癸	丙	丁	壬	甲	癸	壬	辛	庚	己	戊
巳	寅	未	辰	寅	丑	子	亥	戌	酉	申

1) 命中에 火가 많아 조후(調候)가 급하므로 金, 水 運에 발전하고, 木, 火 運은 不吉하다.

2) **성격**

月支가 傷官이라 머리는 비상하고 총명하나, 자존심이 강하고, 윗사람에게도 直言을 잘하며, 비밀이 없고 오만한 성격이다.

3) **부부궁**

日支 배우자궁에 寅巳 刑殺이 있어 이별수가 있다. 또한 사주 干支에 比劫이 3개 이상 있으면, 결혼하고 후회하는 사주이다.

4) 사주 내에 金오행이 없어 기관지, 호흡기, 폐, 대장이 약하다. 그러므로 金을 보충해 주는 금반지를 4돈, 혹은 9돈으로 맞추어 끼어야 좋다.

5) 初年 大運부터 66세, 癸丑 大運까지는 金, 水 大運이라 무난하겠으나, 67세부터 忌神 大運이 들어오므로 사업은 하지 마라.

6) 음력 9월, 10월 두 달은 空亡 달이므로 평생(해마다) 결혼, 이사, 개업, 사업변동 등은 절대 하지 말아야 한다.

第40題. 坤命

				66	56	46	36	26	16	6
丙	庚	戊	丙	辛	壬	癸	甲	乙	丙	丁
戌	辰	戌	子	卯	辰	巳	午	未	申	酉

1) 庚 日干이 4土가 있어 身强四柱라고 좋게 보면 안 된다. 오히려 많은 土가 金을 묻히게 하므로 金이 土 속에 갇혀 있는 형상이다. 이것을 소위 토다매금(土多埋金)이라 한다.

2) **부부궁**

女命의 地支에 辰戌冲이 있는 女命은 과부, 또는 이혼하여 혼자 사는 운명이다.

(女命 辰戌, 寡婦 得名)

3) **자녀운**

女命은 食神을 아들 보고, 傷官을 딸로 본다. 子水 傷官이 둘 있으나 辰 중의 癸水는 辰戌冲이 되어 딸 하나는 유산하였다.

4) **건강운**

土가 많으므로, 위장(胃腸)이 약하여 소화불량이 심하고, 또한 土剋水로 신장(腎

臟)을 극하여 다리, 무릎, 허리가 자주 아프다.

5) **재산운**

사주에 土가 많으므로, 땅이나 건물 등 부동산업이 적합하며, 땅값으로 부자 복이 들어온다.

第41題. 乾命

					64	54	44	34	24	14	4
甲	庚	庚	己		癸	甲	乙	丙	丁	戊	己
申	辰	午	丑		亥	子	丑	寅	卯	辰	巳

1) 庚 日干이 午월에 생하여 조후가 급한데, 年支, 丑 중에 癸水가 조후용신이 된다. 申辰 三合도 길하다. 중요한 것은 四柱의 强弱보다 먼저 四柱의 한난조습(寒暖燥濕)을 가리는 것이 먼저다.

2) **부부궁**

時干의 甲木이 庚金의 妻인데, 甲木이 金 위에 있어 결혼하면 妻가 病弱한데, 다행히 申辰 水局이 되어 무난할 것이다.

3) **궁합운**

말(午)띠와는 원진살이라 안 되고, 양(未)띠는 相沖殺이 되므로 반드시 피하여야 한다.

4) **재산운**

偏財(사업 재산)가 時干에 있으면 70%의 성분이라 재물 복은 있다. 時干에 偏財 一位면 자식이 아버지보다 더 잘살게 된다. 55세부터 59세까지 偏財大運이므로 일생 중에서 전성기가 된다. 60세부터 74세까지 15년간 水 喜神大運에는 발전하는 운이다.

第42題. 乾命

				65	55	45	35	25	15	5
甲	庚	丙	甲	癸	壬	辛	庚	己	戊	丁
申	申	子	申	未	申	酉	戌	亥	子	丑

1) 본인이 庚 金으로 태어났는데, 子월, 寒冬節이라 火가 조후용신이다. 45세 이후로 火 大運이 오므로, 이때는 한곡(寒谷)에도 꽃이 피게 되므로 좋은 大運이 온다.

2) 天干에 木(偏財)이 2개나 투출하여 재산 그릇도 큰 부자 사주이다. 그러나 木은 土가 있어야 뿌리를 내리는 법인데, 사주 내에 土가 하나도 없다. 100억 부자 그릇이 30억 재산밖에 안 된다.

3) 土가 없는 것이 결점이므로 돈을 벌려면 땅 또는 건물 등 土에 투자하여야 좋다. 없는 오행이 나의 직업일 수 있다.

4) 地支에 申申申子가 모두 水局이 되어 물이 되므로, 물은 바다 혹은 외국으로 진출하는 것이 운명이다. 水多 四柱는 金이 침금(沈金)되므로 불리하다.

5) 庚 大運 辛 大運에는 절대 사업하면 안 된다. 이유는 比劫 大運에 사업하면 누구나 필패(必敗)한다. 꼭 명심하여야 한다.

6) 41세, 辰 大運이 들어오면, 申·子·辰 三合 水局이 완성되어 甲木인 妻와 이별하게 된다. 이유는 木이 홍수(洪水)에 부목(浮木)이 되어 떠내려가게 된다.

第43題. 坤命

				65	55	45	35	25	15	5
辛	乙	己	乙	丙	乙	甲	癸	壬	辛	庚
巳	亥	卯	巳	戌	酉	申	未	午	巳	辰

1) 身强四柱이다. 木多하면 金으로 작목(斫木)해야 길하므로, 時干의 辛金이 용신이다. 그러나 火 위에 있으므로 약하다.

2) **부부궁**

金이 乙木의 남편이 되는데, 火上의 金이라 弱하므로, 남편의 출세 운은 기대하지 마라.

3) **자손운**

丁火는 食神인데, 아들은 없고, 傷官은 딸인데 巳중에 둘이 있다. 운명상으로 2女이다.

4) **재산운**

月干에 己土가 偏財이므로 사업 운은 있다. 未(偏財) 大運이 들어오는 41세부터 45세까지 평생 처음으로 부자 되는 재산 운이 들어온다. 偏財가 天干에 있으므로 생산기업(生産企業)을 해도 된다.

5) **삼재운**

亥, 子, 丑 年은 三災殺이므로 건강 조심, 돈거래 하면 안 된다.

第44題. 乾命

				67	57	47	37	27	17	7
辛	乙	甲	辛	丁	戊	己	庚	辛	壬	癸
巳	亥	午	酉	亥	子	丑	寅	卯	辰	巳

1) **부부궁**

   日支 妻宮에 亥가 印綬가 되므로, 妻는 용모가 단정하고 정숙하며, 근면 성실한 처이다.

2) **자녀운**

   辛(偏官), 아들이 셋 있고, 時支 巳 중에 庚金(正官)이 하나 있다. 아들이 먼저 들어오고, 딸은 뒤에 온다.

3) 月支가 食神이라 성격은 온순하고 예의가 바르며, 총명하다. 18세부터 22세까지 印綬運이므로 공부가 잘 되나 23세부터 27세까지 財星 大運은 財剋印하여 學魔殺이 들어와서 공부가 안 된다.

4) **재산운**

   사주 내에 財星이 없어 직장 생활하다가 48세부터 57세까지 10년간 偏財 大運이 들어오므로 재산 발전하는 大運이다. 평생 동안 亥, 子, 丑 年은 三災殺이 들어오므로 손재, 고통이 따르니 조심하고, 신규사업(新規事業)은 절대 하지 말고, 현상 유지하는 것이 최선이다.

第45題. 乾命

				77	67	57	47	37	27	17	7
戊	庚	甲	癸		丙	丁	戊	己	庚	辛	壬	癸
寅	申	子	未		辰	巳	午	未	申	酉	戌	亥

1) 子月의 庚金인데, 寒冬節이라 차가운 金이다. 命中에 따뜻한 火(태양)가 없으므로 火가 약한데, 大運에서 火運을 만나면 발전한다. 다행히 48세부터 82세까지 巳, 午, 未 火 大運이 계속되므로 무난하겠다.

2) **부부궁**

본인 사주에는 火가 없으므로 4살 아래 丁亥生, 돼지(亥)띠가 三合이 되어 좋은 인연이다.

3) **자손운**

時支 寅 중에 丙火(偏官)가 있고, 年支 未 중에 丁火(正官)가 있으므로 1子, 1女를 둔다. 그러나 자식은 干支에 투출해야 有力하고, 지장간에 숨어 있으면 부실(不實)한 子女이다.

4) **재산운**

月干에 偏財가 투출하여 寅에 通根이 되어 强하므로, 財星 大運에 발전하는데, 財星 運이 없으므로 평생 직장생활 해야 할 운명이다.

第46題. 坤命

					62	52	42	32	22	12	2
乙	乙	癸	丁		庚	己	戊	丁	丙	乙	甲
酉	酉	卯	巳		戌	酉	申	未	午	巳	辰

1) 卯월의 木은 꽃을 피우기 위해 火(태양)가 필요한데, 丁火가 巳火 위에 있어 강하나, 木이 뿌리를 내리기 위해 土가 필요한데, 命中에 土가 보이지 않는다.

2) **부부궁**

   乙木은 土 위에 있어야 뿌리가 단단한데, 木이 金위에 있으므로 뿌리가 약하다. 金이 남편 자리에 있는데, 남편 방을 피하고 子女 방에 거처하는 것이 건강에 좋다.

3) **자손운**

   年干에 丁火(食神) 아들이 하나 있고, 年支의 巳火(傷官)가 있어 딸도 하나 있다.

4) **재산운**

   土가 財星인데 命中에 土가 없다. 土運이 오면 사업 운이 오는데, 38세부터 42세까지 5년간 偏財 大運이 있다.

5) 亥, 子, 丑 年은 3년간 三災殺이 들어오므로 건강 조심하고, 손재(損財)를 조심해야 한다.

第47題. 乾命

				62	52	42	32	22	12	2
己	丙	癸	丙	庚	己	戊	丁	丙	乙	甲
丑	午	巳	戌	子	亥	戌	酉	申	未	午

1) 丙 日干이 뜨거운 巳월의 염하절(炎夏節)에 태어나고, 命中에 火가 많아 丑 중의 辛金(正財)을 녹이므로 金이 녹는 형상이다.

2) 月干에 있는 癸水가 조후용신이 되겠는데, 命中에 火가 많아 癸水가 허약하나. 水運이 들어오는 53세부터 82세까지 亥, 子, 丑 水가 吉運이다.

3) 丑土 속에 辛金이 암장(暗藏)되어 土 속에 돈이 들어 있으므로 토지, 건물이나 건축업 등으로 진출하면 좋겠다. 또한 命中에 木이 없으므로 섬유, 의류, 가구점, 실내장식 등도 인연이 있다. 四柱에 없는 오행이 사업 적성이다.

4) **부부궁**

본인의 四柱에 比劫이 많으므로 결혼하고 바로 후회하게 되고 결국 이별하거나 별거하는 운명이다. 男女 불문하고 四柱 干支에 比劫이 3개 이상 있으면 夫婦宮이 좋지 않다.

5) **재물운**

時支 丑 중에 辛金이 있으나 4개의 炎火에 녹아내리니 재산 복은 적다. 사주 내에 金이 없는데 63세부터 67세까지 庚(偏財) 大運에 재물이 들어온다.

第48題. 坤命

				64	54	44	34	24	14	4
癸	癸	癸	丁	庚	己	戊	丁	丙	乙	甲
亥	卯	卯	亥	戌	酉	申	未	午	巳	辰

1) 天干에 癸水가 3개 나란히 있어서 판단력이 좋고 안목(眼目)도 넓다.

2) 卯木, 2개 모두가 癸日干의 天乙貴人이라 貴人격이다.

3) **부부궁**

   土(官星)가 癸水의 남편인데, 사주 바탕에 土 五行이 없다. 女命에 官星이 없으면 결혼을 늦게 해야 한다. 또한 남편 덕이 없으니 스스로 생활전선에서 활동해야 한다.

4) **자손운**

   食神이 아들인데, 아들 둘을 생산한다. 食神이 天乙貴人이라 유능한 아들을 두겠으나, 亥卯 三合이 되어 아들 하나를 잃는다.

5) **재물운**

   年干의 丁火가 偏財라서 부자 그릇이 있다. 財星이 父宮에 있는데, 丁火가 木 위에 있으면 대발(大發)하나, 癸水 위에 있어 70%의 재물 복이 30%의 재물 복이 되었다. 火 財星 大運은 44세까지 지나가고, 45세부터 土 大運과 金 大運이 계속되므로 운세가 약하다.

第49題. 坤命

				64	54	44	34	24	14	4
辛	丁	丁	己		甲	癸	壬	辛	庚	己	戊
亥	卯	丑	卯		申	未	午	巳	辰	卯	寅
(空)										

1) **부부궁**

日支에 偏印이 있고, 時支의 亥(남편)가 空亡이 되었으니 고독한 팔자이다. 日支의 偏印은 四凶星이라 부부궁이 不美하다.

2) **자손운**

女命은 食神을 아들로 보는데, 아들이 둘이 있고, 딸(傷官)은 時支의 亥 중에 戊土가 있어 딸 하나 있다. 時干에 偏財가 있으므로 아들 중에 하나가 큰 부자이다.

3) **재산운**

火, 土 運에는 재산 복이 없고, 손재와 고통 살이 있으며, 더욱이 時干에 偏財가 있으나 空亡殺이라 없는 것과 같다. 地支에 空亡殺이 있으면 天干도 당연히 空亡殺로 본다.

4) **직업 선택**

丁 日干에 亥가 天乙貴人이라, 바다와 인연이 있으므로 횟집이나 김밥 집이 적당한데, 소규모의 장사를 해야 한다.

第50題. 乾命

				66	56	46	36	26	16	6
乙	壬	壬	庚	己	戊	丁	丙	乙	甲	癸
巳	辰	午	辰	丑	子	亥	戌	酉	申	未

1) 부부궁

壬 日干이 巳에 天乙貴人이 있어 偏財가 붙어 있으므로 妻는 재물 복을 타고났다. 또한 처는 정숙한 모범 여인이다.

2) 자손궁

男命은 偏官이 아들인데, 아들은 둘 있다. 자식궁인 時支에 偏財가 들어 있으므로 아들 복은 있다.

3) 재산운

月支에 正財가 있으므로 월급 재산이고, 평생 직장 생활이 적성이다. 재산 복은 小富 팔자이고, 큰 부자 그릇은 자식 자리에 있으므로 말년에 자식 덕으로 의식 걱정은 하지 않겠다.

4) 四柱 내에 官星이 있고, 印星이 있으므로 평생 공무원 사주이다.

官星이 天干에 있으면 高官이요, 地支에 官星이 있으면 小官 계급이다.

5) 사주 내에 官星은 있는데, 印星이 없으면 평생 공무원 팔자가 아니다. 이유는 印星은 결재 도장이기 때문이다.

第51題. 坤命

				61	51	41	31	21	11	1
辛	丙	乙	癸	壬	辛	庚	己	戊	丁	丙
卯	子	卯	卯	戌	酉	申	未	午	巳	辰

1) 부부궁

日支, 남편 궁에 正官은 四吉星이라 정직하고 예의가 바른 착한 남편이다. 그러나 원숭이(申)띠는 원진살이 되어 서로 원망하게 되므로 피해야 한다. 네 살 위의 己亥生이 삼합이 되어 가장 좋은 인연이다.

2) 자녀운

女命은 食神, 傷官이 자식인데, 사주 바탕에 土(食傷)가 없으므로 자녀가 없다.

3) 직업운

사주 내에 土가 없으므로 땅, 건물 등 부동산에 투자하면 재산 복이 들어오고, 부자 복이 만들어진다. 사주 내에 없는 오행이 직업일 수 있다.

4) 재산운

42세부터 51세까지 偏財大運이 들어오므로 재산 복이 들어오는데, 命中에는 正財(월급 재산)가 있고 偏財가 없으므로 큰돈은 아니고, 中富 사주이다.

第52題. 坤命

					63	53	43	33	23	13	3
辛	庚	己	甲		壬	癸	甲	乙	丙	丁	戊
<u>巳</u>	<u>午</u>	<u>巳</u>	<u>午</u>		戌	亥	子	丑	寅	卯	辰

1) 炎夏節에 생하고, 地支에 火가 많아 조후상으로 水가 시급하다. 그런데 사주 내에 水가 하나도 없다. 그러므로 金水 運에 발전하고, 木, 火, 土 運에는 고난, 고통이 많다.

2) **부부궁**

사주 내에 4火가 남편(官星)인데, 관살혼잡(官殺混雜)이 되어 결국 일부종사(一夫從事)가 안 되고 재혼하는 팔자이다.

3) **자손운**

先天 운명에 아들(食神)이 보이지 않는다. 아들 생산 운이 사주 내에는 없으나, 만약에 生男하게 된다면 亥(돼지띠)年이다.

4) **재산운**

庚 日干의 재산별은 木인데, 年干에 甲木(偏財)이 투출하여 사업 운은 있다. 木이 재산인데 巳월의 木은 반드시 水가 있어야 나무가 무성한 법인데, 사주 내에 물이 없으니 아쉽다. 49세부터 48세까지 5년간 偏財 大運이라 5년간 재산 복이 들어오고, 亥, 子, 丑 水大運에는 경제적으로 발전한다.

第53題. 坤命

				67	57	47	37	27	17	7
辛	乙	庚	辛	丁	丙	乙	甲	癸	壬	辛
巳	酉	寅	卯	酉	申	未	午	巳	辰	卯

1) 사주 분석

正月의 木은 아직 추위가 남아 있으므로, 조후상으로 火가 필요한 시기이다. 또한 木은 火가 있어야 꽃을 피우게 되고, 土가 있어야 뿌리를 내린다. 사주 내에 水와 土가 없다. 水와 土가 있는 남편을 만나 보충해야 한다. 亥(돼지)띠는 三合이 되어 좋은 인연이나 원숭이(申)띠는 원진살이 되므로 불리하다.

2) 부부궁

사주 내에 金이 남편(官星)인데, 命中에 金이 많아 관살혼잡(官殺混雜)이 되어 일부종사(一夫從事)가 어렵다. 水가 있는 남편을 만나야 旺金을 설기하므로 길하다.

3) 자손운

사주 내에 巳火가 1개 있고, 寅 중에 丙火가 있어 丙火(傷官)가 2개 있으므로 딸은 운명 상에 둘이 있다.

4) 재산운

53세부터 57세까지 5년간 偏財 大運이라 발전하는 운이다.

第54題. 乾命

				67	57	47	37	27	17	7
辛	庚	戊	癸		辛	壬	癸	甲	乙	丙	丁
巳	戌	午	巳		亥	子	丑	寅	卯	辰	巳

1) 庚 日干이 午월에 태어나고, 地支에 午戌合과 火 오행이 많아, 水가 조후용신이 된다. 年干에 癸水가 있으나 地支에 無根하고, 巳火 위에 있어 쇠약하다.

2) **부부궁**

사주 바탕에 木(재성)이 없으므로 결혼은 늦게 할 운명이다. 또한 사주 내에 재성이 없으면 처복과 재물 복은 없다.

3) **궁합운**

본인이 뱀(巳)띠이므로 돼지(亥)띠는 相冲殺이 되므로 피해야 하고, 庚子生 여자는 水를 보충해 주므로 좋은 궁합이다.

4) **자손운**

偏官(아들)이 둘 있고, 正官(딸)이 하나 있으므로 2子, 1女를 둔다.

5) **재산운**

38세부터 47세까지 偏財 大運이라 사업해도 되고, 48세부터 77세까지 亥, 子, 丑 水大運을 만나 말년에는 무난하겠다.

第55題. 乾命

				62	52	42	32	22	12	2
戊	己	乙	己	戊	己	庚	辛	壬	癸	甲
辰	酉	亥	丑	辰	巳	午	未	申	酉	戌

1) 己 土는 농토(農土) 즉 전답 흙이므로, 여름에 태어나야 농사일로 바쁜 때인데, 亥月, 寒冬節에 태어나 火가 조후용신이다. 命中에 火가 없으니 火運을 만나야 발전한다.

2) **부부궁**

   水가 妻인데, 亥水가 1개가 있으니 1妻와 해로하는 운명이다.

3) **궁합운**

   火는 마음 사랑이고, 水는 밤 사랑인데, 사주 내에 火가 없으니 따뜻한 마음 사랑이 없다. 그러므로 火가 있는 妻를 만나야 한다. 그러나 말(午)띠는 원진살이 되므로 피해야 한다.

4) **자손운**

   乙(偏官)이 둘 있고, 甲(正官)이 하나 있어 2男, 1女가 운명 바탕 속에 있다.

5) **재산운**

   水 大運이 없으므로 사업 운은 없다. 土運에는 比劫 運이라 사업하면 필패한다. 土는 水(재물)를 剋하기 때문이다.

第56題. 坤命

				64	54	44	34	24	14	4
丁	乙	壬	丁		己	戊	丁	丙	乙	甲	癸
亥	卯	子	巳		未	午	巳	辰	卯	寅	丑

1) 寒冷節에 태어나 한동목(寒凍木)이라 꽃(花)을 피우지 못하므로 火運이 길하고, 土運은 木이 뿌리를 내리게 하므로, 재산 발전 운인데 사주 내에 土가 없다.

2) **부부궁**

여자의 사주에 官星은 남편이고, 食神은 아들이며, 傷官은 딸로 본다. 본인의 사주에는 年支 巳 중에 庚金(正官)이 하나 있는데 지장간에 숨어 있어 남편 복은 없다.

3) **자손운**

傷官(딸)은 하나 있고, 食神이 두 개 있으므로 아들은 둘이 생산되는 운이다.(古典 命理學에서는 傷官을 아들로 보고, 食神은 딸로 본다)

4) **재산운**

65세부터 74세까지 偏財 大運이라 재물 복이 있다. 巳, 午, 未 火大運은 喜神 大運이라 발전 운이다.

5) 사주 내에 水가 많으므로 亥, 子, 丑 年에는 건강을 조심할 때이고, 손재, 고통 살이 들어온다.

第57題. 坤命

				65	55	45	35	25	15	5
癸	戊	丁	庚	庚	辛	壬	癸	甲	乙	丙
亥	寅	亥	午	辰	巳	午	未	申	酉	戌

1) 戊土 日干이 亥월에 태어나 추운 계절이라 따뜻한 火運이 들어와야 재산 발전하는 운이다.

2) **부부궁**

본인의 사주에 五行이 모두 있으므로 五福을 타고난 여인이다. 대개 100명 중에 약 70%가 오행이 없는 경우이다. 사주 내에 없는 오행이 타고난 질병이고, 직업으로 본다.

말(午)띠 여자는 소(丑)띠 남편을 만나면 원진살이라서 서로 원망하므로 안 되고, 쥐(子)띠는 相沖殺이 되므로 피해야 한다.

3) **재산운**

月支에 偏財가 있으므로 46세부터 50세까지 偏財 大運이 들어오므로 사업해도 된다. 戊土가 차가운 寒冬節이 오면, 손재도 있고 건강도 좋지 않다. 차가운 金運도 역시 좋지 않다. 46세부터 65세까지 따뜻한 火運이 오므로 재산이 발전하는 大運이 온다.

第58題. 乾命

				73	63	53	43	33	23	13	3
丙	丙	癸	壬	辛	庚	己	戊	丁	丙	乙	甲
申	子	丑	辰	酉	申	未	午	巳	辰	卯	寅

(空)

1) 한동절(寒凍節)이라 火氣가 있어야 조후가 되고, 火는 반드시 木이 있어야 발화 (發火)가 된다. 그러므로 木이 있는 곳에 發火작용을 하는데, 命中에 木이 없다.

2) **부부궁**

申金(처)은 처복도 되고 재산 복도 된다. 命中에 1金이 있으니 本妻 하나로 해로 (偕老)는 되는데, 申金(偏財)이 空亡이 되므로 女色을 조심하지 않으면 손처(損妻) 하고, 손재(損財)한다.

3) **재산운**

재산 복인 金은 火運을 만나면 火剋金하므로 손재하고 실패한다. 즉 比劫 運은 재산이 흩어진다. 偏財가 天干에 있으면 기업가, 주식, 생산제조업 등이 적성이 고, 偏財가 地支에 있으면 상업, 도매업, 납품업 등이 적당하다. 本命은 偏財가 地支에 있으므로 中富 그릇이다. 金(재산)은 土運과 金運이 오면 吉 大運이 되어 서 사업 大成하는 발전 운이다. 64세부터 73세까지 10년 간 偏財 大運이라 재산 발전 운이다. 그러나 巳, 午, 未 火大運에는 손재와 고통살이 들어온다.

第59題. 乾命

				78	68	58	48	38	28	18	8
戊	乙	甲	癸	丙	丁	戊	己	庚	辛	壬	癸
寅	丑	子	未	辰	巳	午	未	申	酉	戌	亥

1) 乙木 日干이 子월의 寒冷節이라, 겨울철의 木은 따뜻한 火(태양)가 있어야 꽃이 피고 화려한데 운명 속에 火가 없다. 49세부터 83세까지 火 大運이 들어오므로 꽃이 피고 화려하게 발전하는 운이다.

2) **부부운**

日支에 偏財가 있으므로 처복은 있다. 처가 재물 복을 타고났으니 재물관리는 처에게 맡겨야 한다.

3) **재산운**

사주 天干에 正財가 있고, 地支에 偏財가 있으므로 직장운보다 사업 운이 더 강하므로 49세부터 58세까지 10년간 편재(偏財) 大運이므로 상업(商業)으로 발전한다. 偏財가 天干에 투출하면 기업 재산이나, 地支에 있으면 상업 재산이다.

第60題. 乾命

				64	54	44	34	24	14	4
戊	庚	甲	丁	丁	戊	己	庚	辛	壬	癸
寅	申	辰	酉	酉	戌	亥	子	丑	寅	卯

1) 부부궁

日時에 寅申 相沖殺이 되어 부부간에 不和가 생긴다. 화목(和睦)하는 방법은, 사주 내에 水가 없으므로 돼지(亥)띠를 만나면 구제할 수 있다. 水는 木(처복과 재산복)을 돕고 무성하게 자라게 하므로 29세(乙丑 年)에 처가 나타난다.

2) 자손운

딸은 正官인데, 丁火가 天干에 투출하고, 丙火는 時支 寅 중에 암장되어 있으므로 生男運이 어렵다. 만약 生男을 하여도 아들 복은 어렵다.

3) 재산운

月干에 甲木이 偏財이므로 사업가의 운명이다. 偏財가 天干에 투출하면 100억 부자 사주인데, 天干이 地支에 通根이 되어 큰 재벌의 운명이다.

木은 재산 복이라 土에 뿌리를 내리고, 또 木을 만나면 巨木이 되며, 水를 보면 木이 무성하게 자라므로 水, 木業이 적성이다.

第61題. 乾命

				66	56	46	36	26	16	6
丙	己	丁	己		庚	辛	壬	癸	甲	乙	丙
寅	未	卯	卯		申	酉	戌	亥	子	丑	寅

1) 부부궁

본인의 사주에 水가 없으니 돈과 재산 복이 적고, 처복도 없다. 사주 바탕에 妻星(財星)이 없으면 결혼은 늦게 해야 한다. 조혼(早婚)하면 실패한다.

2) 자손운

月支에 偏官이 있으니 아들이 먼저 태어나고, 正官(딸)이 時支에 있으므로 딸은 뒤에 태어난다. 2子, 1女가 운명 속에 있다.

3) **재산운**

水가 재산 복인데, 사주 내에는 水가 없다. 그러나 운에서 水運을 만나면 그때 재산 복이 들어온다. 土運을 만나면 水가 막히는 법이므로, 이때는 사업하면 실패한다. 52세부터 56세까지 戌 大運이라 5년간 손재와 고통이 따른다. 水가 재산 복이면, 金 運은 食神 運이라 생산 활동 운이므로 큰 부자 복은 없어도 상업운은 있다.

4) 사주 내에 官星과 印星이 많으면, 공무원이 될 수 있는데, 51세까지는 공직에 근무하여야 한다.

第62題. 乾命

				67	57	47	37	27	17	7
丙	乙	癸	癸		丙	丁	戊	己	庚	辛	壬
子	亥	亥	卯		辰	巳	午	未	申	酉	戌

1) 亥월의 乙 木이 地支에 亥子 3水가 있고, 天干에도 癸水가 2개 있어 부목(浮木)이 되어 떠내려가는 형상이다. 水를 막고 제방(堤防)할 수 있는 土運이 좋고, 한동절(寒凍節)의 水는 얼어붙어서, 조후상으로 반드시 火氣로 온난(溫暖)하게 해야 한다.

2) 時干에 丙火(태양)가 투출하여 있으나, 亥子 水 위의 丙 火는 쇠약하다.

3) **부부궁**

본인이 寒冷節의 木인데, 日支의 차가운 물 위에 있으므로 처복과 재산 복이 적다. 본인의 사주에 물이 많으면 巳, 午, 未 月, 즉 여름에 태어난 처를 만나는 것이 좋다. 본인의 사주에 水가 많은데, 처의 사주에도 水가 3개 이상 있으면 결혼하고 바로 후회하고, 이별하거나 별거하게 된다. 가장 좋은 배필은 사주 내에 火가 많거나 土가 많은 여자를 만나야 乙木이 꽃을 피우고, 土는 木의 뿌리로서 처복이 태산이다.

4) **재산운**

火土 運이 오는 38세부터 72세까지 부자가 되는 吉 大運이다.

第63題. 乾命

					62	52	42	32	22	12	2
己	丙	癸	丙		庚	己	戊	丁	丙	乙	甲
丑	午	巳	戌		子	亥	戌	酉	申	未	午

1) 丙火 日干이 巳월에 태어나 염하절(炎夏節)이다. 炎火는 金을 원하는데, 사주 내에 金(재물)이 없고 火가 4개나 있어 金이 녹아내리는 현상이다.

2) 火가 많으므로 水가 있어야 조후(調候)가 되는데, 다행하게 月干의 癸水는 丑 중 癸水가 암장(暗藏)되어 通根이 되었다.

3) **부부궁**

四柱 내에 火가 많은데, 日支(배우자)에도 火가 있으니, 부부간에 서로 다투고, 미워하므로 결국 해로하기가 어렵다.

4) **재산운**

四柱 내에 比劫이 많고 財星이 없으므로 재물 복이 없는 사주이다. 만일 財星(재물)이 들어오면, 比劫이 재물을 겁탈(劫奪)하므로 돈이 들어오면 축재(蓄財)하기 어려운 사주이다. 그러나 53세부터 82세까지 水 大運에는 시들었던 초목(草木)이 큰 호수(湖水) 물을 만나므로 무성(茂盛)하게 된다. 또한 四柱 내에 庚金이 없

는데, 63세부터 67세까지 偏財 運을 만나기 때문에 사업으로 성공하겠다.

第64題. 乾命

					65	55	45	35	25	15	5
甲	己	戊	庚		乙	甲	癸	壬	辛	庚	己
戌	亥	子	辰		未	午	巳	辰	卯	寅	丑

1) 己 土는 농토(田畓) 흙인데, 계절상으로 여름에 태어나야 농사를 짓고 나무를 심을 수 있는데, 子월, 한냉절(寒冷節)에 생하여 실기(失氣)하였다.

2) 四柱 내에 正財, 偏財가 있은데, 正財는 월급 재산이고, 偏財는 사업 재산이다. 正財의 성분(成分)이 40%라면, 偏財는 月支에 있으므로 60%의 성분이다. 사업 성분이 직장 성분보다 20% 더 강하다.

3) 45세까지 正財 運이 되어서, 직장 생활하게 된다.

4) **재산운**

46세부터 50세까지 偏財 大運이고, 巳, 午, 未 火運이 75세까지 들어와서 재산 발전하고 부자(富者)되는 大運이 들어온다. 이유는 子월의 己 土가 따뜻한 木, 火 大運을 만나 用神 大運으로 진행되기 때문이다.

癸水는 己土 日干의 偏財 大運이므로 大富運이다. 水(재물)를 막는 것은 土다. 자식 자리에 土가 있고, 71세 未 大運이 와서 水를 막으므로 財物 運이 없다.

比劫 大運에 사업하면 반드시 실패하므로 직장 생활이 적합하다.

第65題. 坤命

				64	54	44	34	24	14	4
乙	戊	癸	乙	庚	己	戊	丁	丙	乙	甲
卯	子	未	未	寅	丑	子	亥	戌	酉	申

1) 부부운

본인의 사주 속에 金이 없으므로, 4살 위의 辛卯生 남편을 만나야 三合이 되고 辛金이 들어오므로 좋은 인연이다. 그러나 日時에 子卯 刑殺이 들어 있어, 남편과의 사랑이 없고, 無情하고 미워하게 되어, 결혼하자마자 바로 刑殺이 발동한다.

2) 직업운

子卯 刑殺이 있으니, 병원(病院)이 직장 운에 맞고, 산파(産婆) 직업도 운에 있다. 직장 선택할 때는 병원 생활이 맞다. 상업할 때는 금은보석(金銀寶石) 계통에 종사해도 된다.

3) 재산운

亥 大運이 戊土의 偏財運인데, 40세부터 44세까지 5년간 재산 발전 운이 들어오니, 이때는 상업해도 성공하는 운이다.

4) 자손운

사주 내에 金이 없으므로 子女가 없다. 女命에 食傷이 자녀이다.

第66題. 乾命

				63	53	43	33	23	13	3
戊	庚	丁	乙	庚	辛	壬	癸	甲	乙	丙
寅	寅	亥	酉	辰	巳	午	未	申	酉	戌

1) 본인의 先天 四柱는 庚金으로 태어나서 강인하고 추진성이 강한데, 日支와 時支에 寅木 즉 偏財가 있으므로, 재물을 생산할 수 있도록 天氣가 들어 있다.

2) **부부궁**

   본처(正財) 방에 첩(偏財)이 앉아 있어, 財星(女)이 강하여, 첩이 둘이라 망신살로 변하여, 쌍 망신을 당하게 되었다.

3) **자손운**

   偏官(丙火)이 아들인데, 日時 寅 중에 2丙이 있어서, 아들의 씨가 둘이 있고, 月干에 딸(正官)이 하나 있다. 본인의 時支에 偏財가 있으므로, 아들이 부자 복을 타고났다.

4) **재산운**

   본인의 사주에 木이 재산이고, 火가 官星이라, 亥월, 추운 겨울철에 木이 꽃을 피게 하려면 따뜻한 火氣(태양열)가 필요하다. 巳, 午, 未 火大運에 경제적으로 안정이 되고 발전하겠다. 大運의 地支는 계절의 변화에 따라 운명이 좌우되므로 大運을 판단할 때는 大運의 天干보다 大運 地支의 흐름을 중요시한다.

第67題. 乾命

					63	53	43	33	23	13	3
乙	癸	丙	甲		癸	壬	辛	庚	己	戊	丁
卯	卯	子	寅		未	午	巳	辰	卯	寅	丑

1) 부부운

본처는 月干에 있는 丙火(正財)인데, 年支 寅 중에 丙火(正財)가 지장간에 숨어 있으나 子 중의 癸水와 寅 중의 戊土가 戊癸 合이 되어 사라졌으므로 결국 1처와 해로한다.

2) 자손운

干支 내에 土가 없으나, 寅 중의 戊土가 正官(딸)이므로 딸이 지장간에 숨어 있다. 그러나 子 중의 癸水와 寅 중의 戊土가 干合이 되어 처가 유산(流産)하여 결국 無子 팔자이다.

3) 재산운

正財는 월급 재산이고, 偏財는 사업 재산이다. 본인의 48세까지는 월급 생활이 좋고, 49세부터 73세까지 부자 복이 들어오므로 사업하는 大運이다. 그러나 돈을 많이 벌어도, 거의 반은 떠난다. 이유는 돈을 지키는 관리자 격인 土(官星)가 없기 때문이다. 돈을 수비하는 土가 없기 때문에, 보충 방법은 재산을 土地에 투자하여야 발전하고 지켜준다.

거주지(居住地)도 土가 없으니, 마당이 있는 단독주택이 좋다.

第68題. 坤命

				67	57	47	37	27	17	7
癸	甲	癸	壬	丙	丁	戊	己	庚	辛	壬
酉	子	卯	寅	申	酉	戌	亥	子	丑	寅

1) 부부운

時支의 酉金이 본남편(正官)이라, 正官이 하나만 있으면 평생 동안 한 남편과 산다.

2) 卯월의 甲 木은 土에 뿌리를 내리고, 火(태양)가 있어야 꽃이 피며, 水가 많으면 물에 떠서 부목(浮木)이 되어 뿌리가 뜬다. 四柱 내에 水가 많은데, 甲 木이 물 위에 떠 있는 격이라, 다시 水運이 오면 부목동근(浮木動根)하여 태풍전야라, 남편 운명에는 태풍이 몰아치고, 본인 역시 태풍이 불고 있어 長壽 運이 아니다.

3) 火가 子女인데, 四柱 干支 속에 火가 없으나 年支의 寅 중에 丙火(食神)가 아들이다. 그러나 지장간에 숨어 있으므로 無力한 아들이다.

4) 재산운

甲木의 土는 재산인데, 正財 土運은 월급 재산이고, 偏財 土運은 상업 재산인데, 47세까지는 월급 생활이 적당하고, 48세부터 57세까지 10년간 상업이나 사업해도 부자 복을 만드는 운이다. 木 大運은 比劫 大運이라 사업하면 필패(必敗)한다. 木은 土(재물)를 剋하기 때문이다.

第69題. 乾命

				70	60	50	40	30	20	10
己	壬	庚	甲	丁	丙	乙	甲	癸	壬	辛
酉	寅	午	申	丑	子	亥	戌	酉	申	未

1) 부부운

正財(本妻)는 있고, 偏財(첩)가 寅 중에 있다. 妻가 범(寅)띠면 상충살이고, 토끼(卯)띠는 원진살이라 피해야 한다. 日支(배우자궁)에 寅木이 있는데, 金運이 들어오면 金剋木하므로 처가 신병(身病)으로 고통을 받는다.

2) 자손운

正官(딸)은 己土와 午중에 있는 己土가 2개 있는데, 寅午合이 되어 딸 하나는 잃고, 寅 중의 戊土와 申 중의 戊土가 偏官(아들)이라, 아들은 둘 있다.

3) 재산운

正財는 월급 재산 성분인데, 60%가 사회 자리에 있고, 偏財(사업 재산성분)는 40%가 처 자리에 들어 있다. 戊土(재산)는 木運, 土運, 火運이 들어오면 발전하는 운이다.

4) 직장의 직급(職級)

官星(土)이 天干에 있으면 重役(이사급) 이상의 그릇이다.

第70題. 乾命

				61	51	41	31	21	11	1
癸	辛	辛	甲	戊	丁	丙	乙	甲	癸	壬
巳	丑	未	申	寅	丑	子	亥	戌	酉	申

1) 여름철에 태어난 辛 金(珠玉)이다. 계절상으로 水가 있어야 해갈(解渴)할 수 있는 데, 癸水가 火 위에 있어 쇠약하다.

2) 또한 사주 내에 丑未 2土가 剋水하고 있으며, 金은 土가 많으면 파묻히고 건강에 고통이 따른다.(土多則埋金)

3) **부부운**

본처가 年干에 투출하여 吉하고, 年柱에 財星(처)이 들어 있으면, 일찍 결혼하게 된다. 또한 炎夏節에 태어났으므로 반드시 水가 필요하므로, 배우자는 네 살 아래 戊子生, 쥐(子)띠가 일등 궁합이다. 돼지(亥)띠는 이 등급 궁합이다.

4) **자손운**

時支의 巳火가 正官인데 딸이다. 아들은 未 중의 丁火가 아들(偏官)이다. 먼저 딸이 생산된 후에, 아들이 들어온다. 아들은 지장간에 숨어 있으니 아들보다 딸이 더 유능하다.

5) **재산운**

甲木이 재산인데, 金 위에 있어 뿌리를 내릴 수 없다. 木이 재산이라 의복, 섬유, 종이 업종이 좋다.

第71題. 坤命

				61	51	41	31	21	11	1
辛	乙	辛	乙	戊	丁	丙	乙	甲	癸	壬
巳	巳	巳	酉	子	亥	戌	酉	申	未	午

1) 부부궁

金이 남편인데, 天干에 辛金이 2개 있고, 年支에 하나 있다. 辛金이 巳火, 불 위에 앉아 있으니 남편 덕이 없다. 남편은 한 사람이어야 좋은데, 세 남자가 있어 不吉하다.

2) 자손운

地支에 있는 巳火가 傷官이 되는데, 女命에 있는 傷官을 딸로 본다. 세 딸이 있으나, 巳酉가 삼합이 되어 1女를 잃었다.

3) 재산운

土가 재산 운인데, 巳火 속에 숨어 있는 戊土가 재산이다. 土속에 숨어 있는 재물이므로 토지, 건물 등에 투자하는 것이 재산 유지하는 방법이다.

4) 건강운

4월의 乙木이 뜨거운 불 속에 앉아 있으니, 건강에 적신호(赤信號)이다. 또한 사주 내에 土가 없으니 위장이 약하여 소화불량과 허리가 자주 아프다. 사주 내에 많은 것도 질병이므로 火가 많으면 심장, 혈압, 당뇨병을 조심해야 한다.

第72題. 乾命

				64	54	44	34	24	14	4
癸	壬	壬	甲	己	戊	丁	丙	乙	甲	癸
亥	戌	申	申	卯	寅	丑	子	亥	戌	酉

1) 壬 水(海水)가 命中에 水가 많고, 月支에 申金도 生助하니, 旺水를 제방(堤防)하는 土가 필요한데, 日支에 戌土가 있다.

2) **부부운**

日支, 배우자 자리에 戌土(燥土)가 들어 있으니, 처의 도움으로 재물운이 있다. 戌 중의 丁火가 재물이다. 따라서 처의 뜻을 따라야 재물창고를 지킬 수 있다.

3) **자손운**

四柱 내에 偏官이 아들인데, 地支의 지장간에 戊土가 4개나 있으므로 戊癸 干合이 되어, 1子를 잃고, 3男이 남는다.

4) **재산운**

火가 壬水의 財星(재물)인데, 四柱 내에 火가 보이지 않고, 戌 중에 丁火가 숨어 있으므로 사업 운은 없다. 지장간의 丁火는 正財이므로 월급 생활하는 것이 좋다. 65세부터 己土 大運이 들어오므로, 이때 사업을 하게 되면, 재산이 흩어지고 건강도 걱정이 된다. 이유는 壬水가 己土를 만나면 기토탁임(己土濁壬)이라 하여 壬水가 흙탕물이 되기 때문이다.

第73題. 坤命

				79	69	59	49	39	29	19	9
丁	戊	乙	丁	癸	壬	辛	庚	己	戊	丁	丙
巳	午	巳	卯	丑	子	亥	戌	酉	申	未	午

1) 戊 土가 뜨거운 여름에 태어나 花草나무가 말라 버리는 격으로 조후(調候)상으로 水가 시급하다. 命中에 水가 없다. 60세부터 89세까지 30년간 亥, 子, 丑 水大運이 들어와 시들었던 들판에 단비(甘雨)가 내리는 격이다.

2) **부부운**

四柱 속에 金과 水가 없으므로, 水를 보충해 주는 4살 위의 돼지(癸亥)띠가 가장 좋은 인연이다. 그러나 四柱 속에 木(남편)이 火(불) 위에 있는 형상이므로, 남편의 힘이 약하여 도움이 안 된다.

3) 또한 사주 내에 없는 것이 질병이다. 水가 없기 때문에 신장(콩팥)과 방광이 약하고, 여자는 냉증(冷症), 대하증(帶下症), 월경불순(月經不順) 등을 겪는다. 또한 四柱 내에 金이 없으므로 기관지, 호흡기, 폐, 대장이 허약하다.

4) 戊 土의 재물은 水인데, 65세부터 74세까지 水 大運이 들어오므로 이때부터 사업을 해도 발전하며, 水業 즉 식당, 목욕탕, 횟집 등을 하게 되면, 인산인해(人山人海)로 잘 되는 운이다.

第74題. 乾命

				64	54	44	34	24	14	4
甲	丙	辛	庚	戊	丁	丙	乙	甲	癸	壬
戌	申	巳	申	子	亥	戌	酉	申	未	午

1) 공부운

四柱 속에 金이 많아 木을 剋한다. 즉 金은 財星인데, 木(印星)을 剋하니, 財剋印으로 학마살(學魔殺)이라 하여 공부가 잘 안 된다. 그러므로 4년제 대학은 어렵고, 2년제 대학이나 전문대학으로 진학하는 것이 좋겠다.

2) 부부운

사주 내에 水가 없으므로 水를 가진 쥐(子)띠가 좋은 인연이다. 24살 아래 甲子生이 三合이 되어 宮合이 좋다.

3) 재산운

金이 丙火의 財星(재물)인데, 正財는 40%이고, 偏財는 60%이므로 직장 생활을 싫어하고, 사업에 뜻이 있다.

4) 직업운

四柱 내에 水가 없으므로, 水業 즉 식당, 목욕탕, 수산업, 운수업 등이 적성에 맞다.

第75題. 坤命

				65	55	45	35	25	15	5
壬	癸	庚	甲	癸	甲	乙	丙	丁	戊	己
子	巳	午	寅	亥	子	丑	寅	卯	辰	巳

1) 부부운

癸水의 正官이 본 남편인데, 年支, 寅 中에 戊土(正官)가 있으므로 寅午 三合이 되어 떠났다. 그러나 日支, 巳 中에 戊土가 正官이므로 해로한다. 癸 日干이 日支에 있는 巳火(財星)가 天乙貴人인데, 巳火가 財星이라 남편이 재산 복을 타고났다.

2) 자녀운

乙木이 아들(食神)이고, 甲木은 딸(傷官)인데, 운명 바탕에는 2女가 있다.

3) 재산운

月支에 있는 午火가 偏財이다. 火가 재물인데, 水運에는 火가 소멸되므로 水運이 오면 재산 운이 사라지므로, 손재(損財)를 면할 수 없다. 61세부터 75세까지 15년간 比劫 大運에 사업하면 실패 운이다. 46세부터 30년간 사업 운은 없으나 亥, 子, 丑 水大運을 만나 무난하게 지내겠다.

第76題. 乾命

				68	58	48	38	28	18	8
甲	乙	癸	丙	庚	己	戊	丁	丙	乙	甲
申	未	巳	子	子	亥	戌	酉	申	未	午

1) 巳월에 태어난 乙 木이라 어린 花草가 갈중을 느끼는 계절인데, 사주 속에 木, 火오행이 많아 화세(火勢)가 강하다. 그러므로 癸水가 용신이나, 癸水가 巳火 위에 있어 더욱 쇠약하다.

2) **부부운**

처 자리에 있는 未土가 月支의 巳와 공합(拱合)하려면, 午火가 필요하다. 그러므로 처는 말(午)띠를 만나야 재산 복이 있고, 부자가 된다. 말(午)띠는 子午 相冲殺이지만 巳, 午, 未 火 方局이므로 피해가 없다.

3) **자손운**

時支(자식 자리)에 申金과 巳 중의 庚金이 딸이므로 딸은 둘 있고, 아들(偏官)은 命中에 없으므로 아들 인연이 없다.

4) 正財는 월급 재산이고, 偏財는 사업 재산인데, 正財(戌)는 없고, 日支에 있는 偏財(未)가 地支에 있으므로 상업, 도매업 등이 적합하다. 59세부터 63세까지 5년간은 己土, 偏財 大運이라 사업해도 되고. 亥, 子, 丑 水大運은 用神 大運이라 무난하겠다.

第77題. 乾命

					63	53	43	33	23	13	3
辛	甲	丙	乙		己	庚	辛	壬	癸	甲	乙
未	辰	戌	巳		卯	辰	巳	午	未	申	酉

1) 본인이 戌월의 甲木인데, 木이 반드시 水氣가 있어야 생명력을 유지할 수 있다. 四柱 내에 土가 많으므로 木으로 소토(疎土)해야 木이 숨을 쉴 수 있다. 따라서 土가 많은 사주는 예외 없이 水와 木 運에 발전한다. 木은 흙을 파내는 소가 끄

는 쟁기와 같다.

2) 부부운

正財(未土)가 時支에 있으니, 늦게 결혼하게 된다. 地支에 辰戌(偏財)이 相沖하므로 부부궁이 不利하다. 사주 내에 水가 없으니, 水를 보충해 주는 처를 만나야 좋은데, 壬子生 쥐(子)띠가 좋은 인연이다.

3) 자손운

辛金(正官)이 딸인데, 戌 중에 또 辛이 있어 딸은 둘이다.

4) 재산운

正財(월급 재산)는 40%의 성분(成分)이고, 偏財는 月支에 있으므로 60%의 성분이라, 地支에 있는 偏財라서 기업가는 아니고, 상업이나 도매상 또는 소매상의 복이다.

第78題. 乾命

壬	壬	甲	戊		68	58	48	38	28	18	8
					辛	庚	己	戊	丁	丙	乙
子	寅	子	辰		未	午	巳	辰	卯	寅	丑

1) 子월의 壬水는 한동절(寒凍節)이라 얼음을 녹여주는 火氣(태양)가 필요한데, 사주 속에 火가 없다. 또한 水多命이라 土로서 제방(堤防)을 해야 한다.

2) 부부운

日支(妻宮)의 寅 중에 丙火가 암장(暗藏)되어 있으므로, 처복과 재물 복은 있다. 본인 사주에 火가 없으므로 庚午生 말띠가 좋은 인연이다.

3) 자손운

年干에 偏官(아들)이 투출(透出)하고, 또 寅 중에 戊土가 숨어 있어, 아들이 3子로 보이고, 딸(正官)은 사주 내에 없다.

4) 재산운

寅(甲) 속에 丙火가 재산이다. 재산이 나무 속에 있다. 나무속에 재물(丙火)이 있으면 조각(彫刻)이나, 공예품이 적성이다. 사주 내에 壬, 壬이 두 개 있으니 외국에서 목재를 수입하여 만드는 조각품이나 공예품을 뜻한다.

49세부터 78세까지 火 大運이 들어와 사업으로 성공한다.

第79題. 坤命

				61	51	41	31	21	11	1
壬	甲	甲	壬		丁	戊	己	庚	辛	壬	癸
申	申	辰	辰		酉	戌	亥	子	丑	寅	卯

1) 부부운

日支에 偏官(偏夫)이 있어, 四 凶神이라 남편이 자존심이 강하고 거북한 남편이다. 食神, 正財, 正官, 正印은 四 吉神이고, 劫財, 傷官, 偏官, 偏印이 있으면 四 凶神으로 본다. 사주 내에 火가 없으므로 따뜻한 사랑이 부족하여 남편을 무시하는 경향이 있다.

2) 궁합운

사주 내에 火가 없으므로 丙戌生이 좋은 인연이다. 그러나 개(戌)띠는 相沖殺이 되어서 피하는 것이 좋다.

3) 자손운

사주 내에 丙火가 없어, 生男이 어렵다. 남편 사주에 火가 있어야 사랑도 있고 화목한데, 부부 다 같이 火가 없으면 無子八字이다.

4) 재산운

地支에 辰土(偏財)가 2개 있으므로 상업재산이다. 역마살이 있어서 初年부터 고향을 떠나 객지생활을 하게 된다.

第80題. 乾命

				66	56	46	36	26	16	6
壬	癸	辛	辛		甲	乙	丙	丁	戊	己	庚
戌	亥	卯	卯		申	酉	戌	亥	子	丑	寅

1) 봄 계절에 태어난 癸 水라 火(태양)가 있으면 총명하고 판단력도 좋은데, 火가 없으면 집중력과 판단력이 부족하다. 공부가 안 되므로 이류대학이나, 전문대학으로 간다.

2) 건강운

사주 내에 없는 오행을 질병으로 보는데, 사주 속에 火가 없으면 심장, 혈압, 시력이 약하다.

3) 부부운

癸水의 처는 火인데, 時支 戌 중에 丁火가 처이다. 乙未生이 三合이 되어 인연이고, 원숭이(申)띠는 원진살이라 피해야 한다.

4) 자손운

正官은 딸인데, 둘이 있고, 아들은 사주 내에 없다.

5) 재산운

戌 土 속에 들어 있는 火(재물)가 재물 복이라서, 큰 부자가 될 운명은 아니다. 土 속에 火(재산)가 숨어 있으면 水의 공격을 피할 수 있으므로 속 부자이다.

第81題. 坤命

				65	55	45	35	25	15	5
丙	壬	壬	壬		乙	丙	丁	戊	己	庚	辛
午	子	寅	申		未	申	酉	戌	亥	子	丑

1) 命中에 水가 많아 土로 제방(堤防)하여 막아야 하는데 土가 약하다. 여장부(女丈夫) 그릇인데, 土가 약하여 小人이 되었다.

2) **부부운**

日時가 相冲하여 부부 궁이 불리하다. 해로하기가 어렵다. 만일 토끼(卯)띠를 만나면 원진살이 되어 서로 원망하게 된다.

3) **자손운**

33세, 甲辰 年(食神)에 아들 하나 얻고, 딸(傷官)은 운명 바탕에 보이지 않는다.

4) **건강운**

사주 내에 土가 없으므로 위장이 약하여 소화불량이 생긴다. 또 水가 많아 신장이 약하고, 심장, 혈압, 당뇨가 걱정된다.

5) **재산운**

55세까지는 월급 재산 운이고, 56세부터 60세까지는 偏財 運이라 사업해서 재물이 들어온다.

第82題. 乾命

				63	53	43	33	23	13	3
己	甲	辛	丁	甲	乙	丙	丁	戊	己	庚
巳	午	亥	酉	辰	巳	午	未	申	酉	戌

(空)

1) 亥月의 甲木이 冬節에 태어나서, 火가 있어야 꽃을 핀다. 사주 내에 火가 많다. 그러나 日支에 午火가 있어 甲木이 火 위에 있고, 傷官星이라 四凶神이다.

2) **부부운**

범(寅)띠는 원진살이 되어 서로 시비하고 원망하게 되므로 피하는 것이 좋다. 辛丑生, 소(丑)띠는 三合이 되어 좋은데 33세, 己巳年에 처를 만나게 된다. 己는 正財(본처)이다.

3) **자손운**

딸(正官)이 둘 있고, 아들(偏官)은 巳 중의 庚金이다. 자녀 자리에 空亡殺이 있으면 자식 생산이 어렵고, 자녀 덕이 없다.

4) **재산운**

34세부터 68세까지 巳, 午, 未 火局이라, 冬木이 꽃을 피게 되므로 30년간 喜神 大運이므로 발전할 것이다. 印星은 학자 성분이고, 財星은 직장 또는 사업 성분인데, 亥 중의 戊土(偏財)가 암장(暗藏)되어 있으므로 직장 생활을 하다가 사업 쪽으로 따라가는 운이다.

第83題. 乾命

				68	58	48	38	28	18	8
乙	癸	戊	丁	辛	壬	癸	甲	乙	丙	丁
卯	未	申	亥	丑	寅	卯	辰	巳	午	未

1) 부부운

火(妻)가 하나 있으니, 평생 한 남편과 해로(偕老)한다. 先天 인연은 辛卯生, 토끼(卯)띠가 三合이 되어 인연인데, 용(辰)띠를 만나면 원진살이 되어 피해야 한다.

2) 자손운

운명 속에 아들(偏官)이 하나 있고, 딸(正官)이 하나 있다. 生男運은 33세, 己未年에 들어온다.

3) 재산운

年干에 偏財(사업 재산)가 있다. 火가 木上에 있으면 큰 부자가 되고, 水上에 있으면 小富 그릇이다. 偏財가 天干에 있으면 100억 부자 그릇이고, 偏財가 地支에 있으면 50억 부자 그릇이다.

運에서 水運이 오면, 火(재물)가 꺼지므로 손재와 풍파가 일어난다. 또한 亥, 子, 丑 年에도 水運이므로 손재 풍파가 일어나므로 특별히 조심하고, 무리하거나 과욕(過慾)은 절대 금물이다. 사업 운이 없으므로 직장 생활하는 것이 좋겠다.

第84題. 坤命

				67	57	47	37	27	17	7
丁	乙	壬	丁	己	戊	丁	丙	乙	甲	癸
亥	卯	子	未	未	午	巳	辰	卯	寅	丑

1) 부부운

乙 木이 子월의 寒木이라 나무에 꽃이 피게 하려면 火運을 만나야 吉하다. 본인의 운명 바탕에는 金(官星)이 없으므로 평생 남편 복은 못 타고났다. 그러므로 金을 보충하는 남편을 만나야 하는데, 1살 아래 戊申 年生이 좋은 인연이다. 쥐(子)띠는 원진살이라 피해야 한다.

2) 자녀운

여자의 사주에는 食神을 아들로 보고, 傷官을 딸로 본다. 사주 내에 傷官은 없고, 食神이 두 개 있으니, 딸은 없고 아들은 2子를 두게 된다.

3) 재산운

본인이 겨울의 乙 木이라 따뜻한 火運(태양)에 꽃이 피고 발전하고, 土(재산)運은 나무가 단단하게 뿌리를 내리므로 재산 발전하며, 차거운 水(겨울)運에는 동결(凍結)이 되어서 실패하고 고통이 온다. 48세부터 77세까지 火 大運이라 무난하게 발전할 운이다.

第85題. 坤命

				64	54	44	34	24	14	4
丙	辛	乙	乙	壬	辛	庚	己	戊	丁	丙
申	卯	酉	未	辰	卯	寅	丑	子	亥	戌

1) **부부운**

   丙火(正官)가 남편인데, 남편이 命中에 하나 있으면 평생 한 남편과 해로한다. 未
   中에 丁火(偏官)가 있으나, 未酉의 지장간에 乙庚이 干合하여 떠났다. 이는 미혼
   때 잠시 만난 애인이다.

2) **자손운**

   食神이 아들인데, 사주 내에 水(아들)가 없어서, 아들이 없는 운인데 29세, 癸亥
   年에 水運이 들어오므로 生男運이다. 사주 속에 딸이 하나 있다. 申 中에 壬水
   가 傷官(딸)이다.

3) **합격운**

   합격운을 볼 때는, 日干을 중심으로 시험 보는 해가 食神 年, 正官 年, 正印 年이
   면 합격 운이고, 財星 年이나, 財星 大運에는 학마살(學魔殺)이라 하여 합격 운이
   없다.

4) 偏財가 上下에 있으니 부자 그릇이므로 사업 운이 있다. 60세부터 64세까지 5년
   간은 사업하면 부자가 되고, 발전하는 운이다.

第86題. 乾命

				65	55	45	35	25	15	5
己	辛	己	辛	壬	癸	甲	乙	丙	丁	戊
亥	亥	亥	亥	辰	巳	午	未	申	酉	戌

1) 地支에 맑은 水가 많아서 지혜가 출중하다.

2) 命中에 傷官(亥)이 많아서, 법관의 운명인데, 官星이 사주 내에 없다. 官星이 있고, 正印이 있어야 法官 命이다.

3) **건강운**

사주 내에 火가 없으므로 심장, 혈압, 시력(視力)이 약하여 안경을 써야 한다. 다행히 36세부터 65세까지 火 大運의 喜神 大運이므로 건강하고 발전할 것이다.

4) **부부운**

사주 내에 火가 없으므로 年上의 丁未 生이 火를 보충하므로 일 등급 처이다. 그러나 용(辰)띠 여자는 반드시 피해야 한다.

5) 火가 官星인데, 命中에 보이지 않으므로 자식 생산이 어렵다.

6) **재산운**

재산 복은 木運과 火運에 들어오는데, 36세부터 65세까지 재산 발전하는 운이다. 驛馬가 4개 있어서 이사를 자주 하게 된다.

第87題. 乾命

				63	53	43	33	23	13	3
丙	戊	乙	乙	戊	己	庚	辛	壬	癸	甲
辰	午	酉	丑	寅	卯	辰	巳	午	未	申

1) 부부운

地支의 丑, 辰속에 癸水(正財)가 둘 있으므로 2妻가 있다. 正印이 日支, 처 자리에 있으므로 처가 온순하고 예절을 지키며, 근면 성실하고 내조(內助)를 잘하는 妻이다.

2) 궁합운

癸酉 生, 닭(酉)띠를 만나면 三合이 되어 좋고, 말(午)띠는 원진살이라 서로 원망하게 된다. 양(未)띠는 相沖殺이 되므로 피해야 한다.

3) 자손운

命中에 正官(딸)이 3개 있으므로 딸은 셋이고, 偏官(아들)은 없다.

4) 재산운

地支의 丑, 辰 속에 癸水가 들어 있으므로 中富 그릇이고, 땅속에 재물이 들어 있으므로 부동산 즉 땅이나 건물에 투자하면 속 부자 소리를 듣는다.

第88題. 乾命

				62	52	42	32	22	12	2
戊	己	乙	己	戊	己	庚	辛	壬	癸	甲
辰	酉	亥	丑	辰	巳	午	未	申	酉	戌

1) 부부운

命中에 亥水가 正財이고, 辰 중에 癸水가 偏財이다. 正財는 본처이고, 偏財는 후처이다. 본처와는 헤어지고, 후처와 살고 있다. 이런 사주는, 결혼을 늦게 해야한다. 34세, 壬戌年에 本妻가 나타나므로 결혼 운이다.

2) 궁합운

사주 내에 火가 없다. 本命은 火가 없으니 여자 사주에 火가 있는 처를 만나야한다. 말(午)띠 여자는 원진살이라 不和가 심하니 피해야 하고, 4살 아래 뱀(巳)띠는 三合이 되어 좋다.

3) 자손운

偏官(아들)이 辰 중의 乙과 月干의 乙이 있어, 아들은 둘 있고, 正官(딸)은 亥 중에甲木이 하나 있어 딸은 하나이다.

4) 재산운

正財(월급 재산)가 하나 있으면 평생 직장운이고, 正財가 두 개 있으면 직장으로진출하였다가 사업으로 변화하는 운이다. 水는 土 日干의 재산인데, 土運(比劫)에 사업하면 반드시 실패한다.

第89題. 坤命

				67	57	47	37	27	17	7
辛	乙	庚	辛	丁	丙	乙	甲	癸	壬	辛
巳	酉	寅	卯	酉	申	未	午	巳	辰	卯

1) **부부운**

本命은 正月의 乙木이라 水가 사주에 없는데, 木은 水와 土가 있어야 잘 자라고, 뿌리를 내릴 수 있다. 남편 사주에 水와 土가 있는 남편을 만나야 보충할 수 있다. 사주 바탕에 官殺이 혼잡(混雜)하여 일부종사(一夫從事)가 안 되고, 재혼할 팔자이다.

2) **자손운**

사주 내에 딸(傷官)이 둘 있고, 아들(正官)은 없다.

3) **재산운**

木은 水와 土가 있어야 발전하므로 水運과 土運에 발전하는 운인데, 正月의 木은 아직 寒氣가 남아 있으므로 火運에 꽃을 핀다. 28세부터 57세까지 火 大運이 들어온다.

木은 土에 뿌리를 내리므로 土地(땅, 건물)에 재산 복이 있는데, 증권 등은 하지 말아야 한다. 이유는 사주 내에 金이 많으므로 현금거래와는 거리가 멀다.

第90題. 坤命

<table>
<tr><td></td><td></td><td></td><td></td><td>68</td><td>58</td><td>48</td><td>38</td><td>28</td><td>18</td><td>8</td></tr>
<tr><td>戊</td><td>丙</td><td>辛</td><td>辛</td><td>戊</td><td>丁</td><td>丙</td><td>乙</td><td>甲</td><td>癸</td><td>壬</td></tr>
<tr><td>戌</td><td>戌</td><td>丑</td><td>未</td><td>申</td><td>未</td><td>午</td><td>巳</td><td>辰</td><td>卯</td><td>寅</td></tr>
</table>

1) 부부운

사주 내에 食神이 3개 있고, 傷官이 2개나 있으므로 食神, 傷官이 重重하면 모두 傷官으로 본다. 女命에 食傷이 많으면 正官(남편)을 剋하므로 부부궁이 최악이다. 남편은 능력이 없으니 남편이 도와주기를 바랄 수 없다.

2) 자손운

女命에 食神은 아들인데, 아들은 3子이다. 傷官은 딸인데 둘 있다. 丙戌日은 백호대살이라 아들(食神)이 유산(流産)되었다.

3) 재산운

正財는 월급 재산인데, 天干의 辛이 正財이다. 命中에 財星이 많으면 오히려 財物 복이 없다. 사주 내에 木이 없으니 木業 즉 섬유, 의복, 가구, 꽃집 등이 적성에 맞는다. 또한 命中에 土가 많으므로 토지, 건물, 부동산 중개업도 좋다. 또 水가 없으니 水業 즉 식당, 목욕탕, 물장사, 레스토랑, 커피점 등이 맞는다.

丑월의 丙火이므로 따뜻한 火運을 만나면 발전하는데, 39세부터 68세까지 火運이 들어와서 무난할 것이다.

第91題. 乾命

				76	66	56	46	36	26	16	6
乙	壬	戊	乙	庚	辛	壬	癸	甲	乙	丙	丁
巳	子	子	巳	辰	巳	午	未	申	酉	戌	亥

1) 부부운

正財는 없고 偏財가 年支와 時支에 있는데, 偏財가 둘 있으면 後妻와 산다. 壬水가 巳를 만나면 天乙貴人이 되는데, 처는 부자재산 복을 만들어 주고 살림 잘하며, 현모양처 감이다.

2) 자손운

偏官(아들)이 하나 있고, 地支에도 戊土가 둘이 있으므로 3子를 생산할 수 있다.

3) 재산운

72세부터 76세까지는 偏財 大運이라 사업 재산이고, 巳, 午, 未 火大運은 喜神大運이라 발전하는 운이다. 본인의 운명에는 火가 재산 복인데, 火가 水運을 만나면 불이 꺼지므로 사업하면 실패한다. 누구나 比劫年이나, 比劫 大運에 사업하면 실패하니 명심해야 한다.

本命은 57세, 壬水 大運부터 61세까지 5년간 水 運이므로 조심해야 한다.

第92題. 坤命

67	57	47	37	27	17	7
庚	己	戊	丁	丙	乙	甲
戌	酉	申	未	午	巳	辰

乙 乙 癸 丁
酉 酉 卯 酉

1) 乙 木은 土 위에 있어야 뿌리가 단단한데, 金 위에 앉아 있어 뿌리가 약하다.

2) **부부운**

日支(남편)에 있는 酉金은 偏官이라 四凶神이므로 남편이 자존심도 강하고, 버릇이 없는 거북한 남편이다. 남편 방을 피하고 아들(火) 방에 거처함이 좋겠다. 木은 火를 만나야 꽃을 피운다.

3) **자손운**

食神(丁火)이 아들이다. 딸(傷官)은 보이지 않는다. 31세, 丁卯年에 生男 運이 들어온다.

4) **재산운**

木日干의 土가 재산인데, 사주 내에 土가 없다. 따라서 부자 그릇이 없다. 2월의 木은 火(태양)가 있어야 꽃을 피게 하고 발전하는 운인데, 火도 酉金 위에 있어 약하다. 四柱 내에 재산 복이 없어도, 運에서 만나면 발재(發財)하는데, 본인의 58세부터 62세까지 5년간 偏財土運이 들어오므로 木이 뿌리를 내리게 되므로 재물 복이 들어온다.

第93題. 乾命

				77	67	57	47	37	27	17	7
戊	庚	甲	癸	丙	丁	戊	己	庚	辛	壬	癸
寅	申	子	未	辰	巳	午	未	申	酉	戌	亥

1) 부부운

子월에 庚金으로 태어났는데, 추운 계절이라 따뜻한 火(태양)가 필요하므로 배우자를 만날 때는 4살 아래 丁亥生, 돼지(亥)띠가 三合이 되어 좋은 인연이다. 그러나 쥐(子)띠는 원진살이 되므로 서로 원망하고 미워하므로 피하는 것이 좋다.

2) 자손운

늦게 生男運이 있는데, 34세, 丙辰年에 아들 生産 運이 보인다. 時支에 偏財가 있으므로 아들은 부자 복을 타고났다.

3) 재산운

甲木(偏財)이 天干에 투간(透干)하고 寅에 通根이 되어 재물 복이 탄탄하다. 子월의 寒冬節에 태어난 몸이므로 따뜻한 火 運이 오면 발전하는데, 48세부터 77세까지 火運이 들어오므로 발전할 것이다.

말년 大運에 火運이 들어오면, 본인의 운이 50% 발전하고, 아들 운은 70%가 들어온다. 사람은 누구나 初年, 中年이 힘들어도 末年이 초라하면 불행하다. 또 말년이 좋으면 장수(長壽)한다.

第94題. 乾命

辛	乙	甲	辛
巳	亥	午	丑

62	52	42	32	22	12	2
丁	戊	己	庚	辛	壬	癸
亥	子	丑	寅	卯	辰	巳

1) 부부운

日支, 배우자궁에 正印이 있으면, 처가 용모도 아름답고, 온순하며 예의가 바르며, 총명하고 도량(度量)도 넓다. 소(丑)띠는 말(午)띠가 원진살이 되므로 안 되고, 개(戌)띠는 刑殺이 되므로 만나서는 안 되는 띠다.

2) 자손운

辛金(偏官)이 3개 있어, 아들은 셋이 보인다. 딸은 사주에 庚金인데 巳 중에 하나가 있다. 딸 자리에 역마살이 있으니 딸은 객지생활을 한다.

3) 재산운

年支에 偏財(丑)가 있어 43세부터 52세까지 10년간 偏財 大運으로 사업해도 발전한다. 偏財가 天干에 투출하면 100억 부자 그릇이고, 偏財가 地支에 있으면 50억 부자 그릇이다.

本命은 地支에 偏財가 있으므로 기업은 안 되고, 상업이나, 도매상 또는 소매업이 적합하다.

第95題. 坤命

				65	55	45	35	25	15	5
辛	乙	己	乙		丙	乙	甲	癸	壬	辛	庚
巳	亥	卯	巳		戌	酉	申	未	午	巳	辰

1) 부부운

乙木은 金이 남편인데, 時干에 偏官이 하나 있다. 命中에 正官이 없으면 偏官을 남편으로 보는데, 평생 한 남편과 해로한다.

2) 자손운

丁火(食神)가 아들인데 아들은 없고, 巳 중에 있는 丙火(傷官) 딸은 둘이 있다. 본인이 乙木인데, 亥水(바다/외국) 위에 떠 있고 역마살이 되니, 바다 건너 외국에 가서 거주하는 운명이다.

3) 재산운

偏財가 月干에 투간(透干)하였으므로 100억 재산 복을 타고났다. 41세부터 45세까지 5년간 未土 大運이라 土運에 木이 뿌리를 내리므로, 부자 복이 들어오고 발전하는 운이다.

乙木 日干이 亥卯 三合위에 있으므로 木이 旺木인데, 다시 木 運을 만나면 比劫 運이라 사업하면 필패(必敗)한다.

第96題. 坤命

				65	55	45	35	25	15	5
丁	庚	己	甲	壬	癸	甲	乙	丙	丁	戊
亥	午	巳	辰	戌	亥	子	丑	寅	卯	辰

1) 부부운

庚 日干이 사주 내에 火가 많으므로 金이 약하여 부부 갈등이 심하고 火는 官星(남편)이므로 일부종사(一夫從事)가 어렵다. 巳, 午, 未 年에는 근심 살이 발동한다. 辰丑 土는 습토(濕土)이므로 水氣로 보고, 戌未 土는 조토(燥土)로서 火氣로 보아야 한다.

2) 자손운

時支에 있는 亥 중에 壬水가 食神이라 아들이 하나 있고, 딸은 年支의 辰 중에 癸水(딸)가 하나 있다.

3) 재산운

庚日干의 재산은 木인데, 木은 水를 만나야 무성하게 자라나는데, 年干에 甲木이 偏財라 재물 복은 있다. 辰土 위에 있으므로 甲木이 뿌리가 단단하여 大吉하다. 본인이 불(火) 위에 있는 木이라서 身病이 걱정되고, 집에 있으면 고통이 심하므로 밖에서 활동하는 것이 좋다.

36세부터 65세까지는 水運이 들어오므로 발전하는 吉運이다. 亥 중에 壬水는 바다 또는 외국을 뜻하므로 외국에 이민가는 운명이다. 寅, 申, 巳 ,亥는 역마살이다.

第97題. 坤命

							75	65	55	45	35	25	15	5
庚	丁	乙	戊				丁	戊	己	庚	辛	壬	癸	甲
戌	亥	丑	午				巳	午	未	申	酉	戌	亥	子

(空)

1) 寒冬節이라 따뜻한 火(태양)가 그립다. 그러므로 木, 火 運에 발전하고, 金, 水 運에 不運하다. 56세부터 85세까지 巳, 午, 未 火大運이라 발전하겠으나, 55세 이전에는 金, 水 運이라 조실부모(早失父母)하고 가정이 외로웠다.

2) **부부운**

日支, 배우자궁에 正官이 있어 남편은 어질고 성실한데, 食神, 傷官이 많아 官星(남편)을 剋하므로 36세, 癸巳年에 日柱와 天地冲이 되어 결국 헤어지고, 45세, 壬寅年에 다른 남자를 만나 동거(同居)하고 있다.

3) **자손운**

本命에는 食神(아들)이 둘 있고, 傷官(딸)이 둘 있는데, 午중 己土(食神) 아들의 자리에 空亡殺이 되어 아들 하나가 유산(流産)이 되고 딸이 둘, 아들은 하나가 있다.

4) **재산운**

36세부터 55세까지 부동산업(아파트 매매업)으로 큰 재산을 모았다. 56세부터 85세까지 喜神 大運이라 발전한다.

第98題. 乾命

壬	癸	癸	庚
戌	亥	未	寅

64	54	44	34	24	14	4
庚	己	戊	丁	丙	乙	甲
寅	丑	子	亥	戌	酉	申

1) 본인이 未월의 癸水라 失氣했으나, 命中에 水가 많다. 水는 木을 무성하게 기르는 것이 목적인데, 年支에 寅木이 하나 있고, 亥 중에도 甲木이 암장(暗藏)되어 있다. 사주 내에 水가 너무 많으면 火가 꺼지므로 총명하지 못해 4년제 대학은 어렵고, 2년제 대학으로 가는 운명이다.

2) **부부운**

火의 세력이 지장간에 있어 40% 정도인데, 범(寅)띠 남편을 만나서 결혼하면 木이 약한 火를 도우므로 60%로 변한다.

3) **자손운**

未土(偏官)에 아들이 하나 있고, 戌土(正官) 딸은 셋 있다.

4) **재산운**

사주 내에 水가 많으므로 旺水를 막아주는 土運에 발전하는데, 45세부터 49세까지 戊土(燥土)運이 들어와 재산 발전하고, 土運이 왔으니 부동산이나 집장사를 하면 재물 복이 들어온다. 지장간에 火(財星)가 숨어 있으므로 큰 사업 운은 없고, 小富 그릇이다. 34세부터 水 大運이 들어오면 比劫 大運이라 손재수가 있으니 사업하면 실패한다.

第99題. 坤命

				71	61	51	41	31	21	11	1
丙	庚	癸	壬	乙	丙	丁	戊	己	庚	辛	壬
戌	申	丑	辰	巳	午	未	申	酉	戌	亥	子

1) 부부운

丑月 寒凍節에 태어난 庚金인데, 따뜻한 火(태양)가 用神이다. 다행이 時干의 丙火(태양)가 남편이 된다. 丙火가 時支의 戌(燥土)에 通根이 되었으므로, 남편은 유능하고 성실한 사람이다. 四柱 내에 木, 火, 土, 金, 水 五行이 모두 갖추어져 있으면, 五福을 타고난 사람인데 木이 없다. 100명 중에 五行이 모두 있는 사람은 불과 20% 정도이고 약 80%는 命中에 五行이 없는 사람이 허다하다. 木이 없으면 책상 위에 나무를 설치하고 늘 감상하라.

2) 자손운

女命은 食神이 아들이고, 傷官을 딸로 본다. 命中에 아들이 둘 있고, 癸水(傷官)가 셋 있다.

3) 재산운

辰 중에 있는 乙木은 正財이므로 월급 재산이라 中富 그릇이다. 偏財가 天干에 있으면 100억 부자 복이고, 地支에 있으면 50억 부자 그릇이다. 52세부터 81세까지 火運이 들어와 30년간 크게 발전하고 재산 복이 들어온다.

第100題. 坤命

				78	68	58	48	38	28	18	8
丙	己	辛	己		己	戊	丁	丙	乙	甲	癸	壬
寅	亥	未	亥		卯	寅	丑	子	亥	戌	酉	申

1) 부부운

甲木(正官)은 地支 寅, 亥속에 셋이 있고, 未 중에는 乙木(偏官)이 있으므로 官殺이 혼잡하여 재혼하는 사주이다. 돼지(亥)띠는 용(辰)띠 남편을 만나면 원진살이 되어 서로 미워하고, 원망하는 관계로서 결국 헤어지는 인연이다.

2) 자손운

女命은 食神이 아들이고, 傷官은 딸인데, 命中에 傷官(딸)은 없고, 食神(아들)이 月干에 하나 있다. 日支에 亥水(바다/외국)가 時支의 寅과 寅亥 合이 되므로 아들이 海外로 떠나는 운이 있다.

3) 재산운

日支에 正財가 있으므로 월급 재산이다. 48세까지 직장 생활 하다가 54세부터 58세까지 5년간 偏財 大運이 들어오므로 水業, 즉 식당, 목욕탕, 여관 등이 좋다. 水(재산)는 土를 보면 막히니, 64세부터 73세까지 10년간 사업을 계속하면 반드시 실패하니 조심해야 한다.

꼭 참고할 것은 大運은 月支, 계절의 연장이므로, 大運을 볼 때는 地支위주로 판단하여야 한다.

第101題. 坤命

				67	57	47	37	27	17	7
丁	己	甲	乙	辛	庚	己	戊	丁	丙	乙
卯	未	申	酉	卯	寅	丑	子	亥	戌	酉

1) 부부운

甲木이 남편인데, 金 위에 앉아 있으므로, 나무가 뿌리를 내리지 못하는 형국이다. 독신 생활이 좋다. 正官(남편)이 傷官 위에 있으면 해로(偕老)할 수 없다. 甲木(正官)이 남편이고, 乙木(偏官)은 후남편인데, 官殺이 혼잡하면 두 번 이상 재혼하는 팔자이다. 두 번 결혼을 해도 결국 혼자 사는 신세이다. • 관살혼잡(官殺混雜), 개비재가(豈非再嫁).

2) 공부운

月支에 傷官이 있으므로, 입으로 먹고사는 직업, 즉 교사, 교수, 학자 등 가르치는 재주를 타고났다. 또 傷官은 正官(남편)을 剋하므로 결혼해도 불행하다. • 상관견관(傷官見官), 위화백단(爲禍百端)

3) 재물운

四柱 내에 壬水(재물)가 月支 申 중에 있으므로 재물 복은 없고 월급생활 하는 것이 좋다. 그러나 偏財 大運을 만나면 재물 복이 들어온다.

본인의 43세부터 47세까지 5년간 偏財 水大運이 들어온다.

참고문헌

宇宙變化의 原理 韓東錫 著 (우주변화의 원리 한동석 著)

造化元鑰 評註 鄭志昊 編譯 (조화원약 평주 정지호 편역)

增補滴天隨闡薇任鐵樵 著 (증보 적천수천미 임철초 著)

淵海子平 徐公升 著 (연해자평 서공승 著)

三命通會 萬有吾 著 (삼명통회 만유오 著)

命理正宗 張 楠 著 (명리정종 장 남 著)

四柱捷徑 李錫暎 著 (사주첩경 이석영 著)

命理要綱 朴在玩 著 (명리요강 박재완 著)

陶溪實觀 朴在玩 著 (도계실관 박재완 著)

命理辭典 朴在玩 著 (명리사전 박재완 著)

萬里天命 邊萬里 著 (만리천명 변만리 著)

萬里醫學 邊萬里 著 (만리의학 변만리 著)

朴道師實觀 朴宰顯 著 (박도사실관 박재현 著)

四柱鑑定秘訣 申六泉 著 (사주감정비결 신육천 著)

命理學과 疾病論 李正根 著 (명리학과 질병론 이정근 著)

正易과 만나다 양재학 지음 (정역과 만나다 양재학 지음)